MÉMOIRE

PRÉSENTÉ

A M. LE MINISTRE DE LA MARINE,

PAR M. L'ABBÉ LAMACHE,

Ex-curé de la paroisse de Saint-François, à la Basse-Terre (Guadeloupe).

MONSIEUR LE MINISTRE,

J'occupais depuis quatre ans, à la Guadeloupe, la cure de Saint-François (Basse-Terre), lorsque sont venus m'atteindre simultanément un ordre d'embarquement émané de M. le gouverneur, et un interdit de M. le préfet apostolique, me retirant tout pouvoir ecclésiastique dans la colonie. Le laconisme militaire de la lettre par laquelle il m'était enjoint de quitter l'île, semblait admettre toutefois, à côté de la rigueur présente, la possibilité d'une réhabilitation future : comme allégement à une sentence viciée par le refus d'entendre l'accusé, dont les motifs lui étaient même demeurés occultes, apparaissait dans le lointain, sur la rive française, le jour de l'examen et de la justice ; car j'étais *renvoyé par devers M. le ministre de la marine, pour lui rendre compte de ma conduite.*

Me serais-je trompé, Monsieur le Ministre, en me persuadant que le caractère sacerdotal ne me privait pas du bénéfice de la loi commune ? Ma pensée nourrissait-elle un espoir défendu lorsqu'elle échappait aux lenteurs de la traversée pour saluer à l'avance le sol de la mère-patrie, la terre de l'équité et du droit, où il est de principe que le juge, avant de prononcer l'arrêt, spécifie les faits constitutifs du délit et prête l'oreille à la défense ? A peine débarqué à Brest, sans même prendre le temps d'embrasser ma famille, je suis accouru à Paris faire acte de présence près de l'autorité compétente. M. le directeur des colonies, devant qui j'ai eu l'honneur de me présenter le 20 août, s'est borné à me lire, dans la dépêche coloniale, deux termes accusateurs, dont l'un est relatif aux devoirs de la discipline hiérarchique que j'aurais méconnus, dont l'autre m'attaque jusque dans ma probité personnelle. La brièveté de l'audience accordée ne laissait aucune place à des explications que j'aurais été d'ailleurs parfaitement incapable d'improviser, tant mes prévisions comme mes souvenirs se trouvaient déconcertés par la seconde des inculpations érigées contre moi ! Mais je promis un Mémoire justificatif, et M. le directeur en accueillit l'annonce. Deux jours après mes mains quittaient la plume, empressée à la composition de ce document, pour ouvrir la lettre qui me retranche du clergé colonial, et au bas de laquelle il m'a bien fallu voir la signature du loyal ministre de la marine.....

Après avoir laissé prudemment s'adoucir l'inévitable amertume de l'impression première, je me suis demandé devant Dieu ce qu'il convenait de faire en cet état de choses. Si votre décision, Monsieur le Ministre, ne touchait qu'aux intérêts humains d'un prêtre obscur, peut-être aurait-il renoncé à vous importuner de ses réclamations. Les yeux fixés sur l'image du divin Maître qui passa faisant le bien et vida jusqu'à la lie le calice des humiliations et des souffrances, retranché dans ce témoignage intime qui console de tout et que rien ne remplace, peut-être se bornerait-il à faire des vœux et des prières pour la paroisse regrettée dont l'affection n'a pu garantir le pasteur. Le silence, après tout, n'aurait rien de trop cruel pour mon amour-propre. Le refus d'une enquête obstinément et vainement réclamée sur le théâtre de mes prétendus méfaits, le parti que vous-même avez pris, Monsieur le Ministre, de me condamner sans m'entendre, me placent sous la présomption d'innocence acquise à l'inculpé qui n'a pas été mis en mesure d'essayer sa justification. Près des personnes qui me connaissent en France, je n'ai nul besoin de démontrer que je ne suis point un mauvais prêtre; et si mes souvenirs me reportent vers la Basse-Terre, j'y vois la foule éplorée faisant de mon embarquement un honneur envié par les persécuteurs. Enfin, le mystère d'une affaire traitée par dépêche confidentielle, puis ensevelie dans la poussière des cartons, n'accommoderait pas seulement une conscience peu sûre d'elle-même; il permet jusqu'à un certain point à l'honnête homme calomnié d'écouter sa répugnance pour le bruit et les discussions.

Mais j'ai dû considérer, Monsieur le Ministre, que le vif et légitime désir de protester contre une inculpation outrageuse se corroborait par des considérations d'un ordre moins personnel. Une erreur accidentelle, comme il en peut échapper aux juges les plus équitables, blesse un homme, laisse les principes intacts : telle n'est point la mesure surprise au caractère expéditif de M. le gouverneur, et que Votre Excellence, mal informée, a cru d'abord devoir confirmer. Cette mesure se rattache au dessein arrêté par les intéressés ou les timides de briser quiconque s'efforce d'introduire dans la société coloniale des réformes dictées par la charité, accueillies avec faveur par d'honorables habitants, voulues par le gouvernement de Sa Majesté, prescrites par les ordonnances que vous-même avez contresignées, Monsieur le Ministre. Ma cause est celle de tous les prêtres qui entendent sérieusement faire le bien dans la Mission des Antilles. Voilà pourquoi j'appelle de l'arrêt qui me frappe à votre religion plus amplement éclairée ; pourquoi je soumets avec confiance à votre haute sagesse un document qui, tout en démontrant les vrais, les seuls motifs de mon expulsion imméritée, pourra jeter quelques lumières sur une situation que de précieux intérêts recommandent aux sollicitudes de Votre Excellence.

Il me faudra dans ce Mémoire dire beaucoup, laisser entendre davantage ; citer des noms, réfuter des griefs, à mon tour exprimer des doléances, sans que la charité ni les convenances aient trop à gémir : du moins y ferai-je mon possible, tout embarrassé que je sois entre les nécessités comme les priviléges de la défense, et mon désir de n'opposer aux rigueurs que les plus respectueux ménagements. Le prêtre réduit à disculper sa conduite prie aussi qu'on lui pardonne s'il laisse éclater quelquefois les accents d'une conscience vivement émue, ou s'il se permet un langage qu'en toute autre occurrence la modestie réprouverait. Enfin, dans le récit des circonstances où j'ai eu le regret de me trouver en dissidence d'opinion avec mon supérieur ecclésiastique, des questions se présenteront qui sembleraient par leur nature décliner l'honneur d'avoir pour juge un illustre amiral plus familiarisé avec la victoire qu'il ne l'est vraisemblablement avec les statuts canoniques et les règles cléricales : c'est une des singularités de la position qui m'est faite.

Le clergé de la Guadeloupe n'est pas à l'abri du malheur qui afflige inévitablement tout corps réunissant un personnel nombreux. Il compte quelques membres dont la conduite est de notoriété publique absolument incompatible avec les plus élémentaires devoirs du sacerdoce ou même de la simple morale. Leur nombre relatif est plus considérable qu'ailleurs ; on n'est malheureusement que trop fondé à l'affirmer, et on se l'explique par plusieurs raisons dont la principale est le défaut de discipline et de direction. Ceux-là n'ont garde de froisser les préjugés dominants : bornant leur ministère à dire la messe le dimanche, à célébrer un enterrement ou un mariage, quand ils en sont requis, et à festoyer magnifiquement les autorités en tournée, ils n'ont point à craindre qu'un supérieur, assimilé par le long usage à l'atmosphère coloniale, gourmande chez eux l'esprit d'innovation et l'intempérance de zèle : à ces commodes apôtres il sera énormément pardonné... Mais vienne un prêtre qui n'ait eu ni le temps d'oublier les leçons de l'épiscopat français, ni le malheur de se rendre nécessaire un échange de coupables tolérances ; qu'il prêche à tous l'Évangile, rien de plus, rien de moins, sans écouter la prudence de M. le préfet m'avertissant que *certaines cordes évangéliques ne devaient pas être touchées dans les colonies*; qu'il prenne à cœur l'instruction des enfants esclaves, et, sans dénaturer une influence purement spirituelle, ménage cependant la fusion des classes par les enseignements d'une même foi, par les pratiques d'un même culte ; qu'en retour de ses sollicitudes spéciales pour la portion la plus délaissée de son troupeau, savoir les gens de couleur et les noirs, ceux-ci lui témoignent sympathie et confiance : on peut hardiment prédire à ce prêtre une retraite forcée dans un temps plus ou moins éloigné. Si, de plus, en l'absence de règlements disciplinaires vainement demandés au chef de la Mission, le nouveau venu s'en réfère aux prescriptions canoniques, et cherche à faire prévaloir les usages de l'Église universelle contre le désordre local, il apprendra à ses dépens ce que coûte une pareille audace, à moins que, mieux avisé, une fuite volontaire ne le dérobe à tant de périls accumulés.

C'est ce qui advint l'année dernière (car je ne veux choisir que les exemples les plus proches) à un ecclésiastique d'une piété rare, dans toute la maturité de l'expérience, M. l'abbé Bourdet, parfaitement connu de l'honorable M. Jubelin, ex-gouverneur de la Guadeloupe. Le zèle du saint homme s'était échauffé à la lecture de mandements épiscopaux qui traitaient de l'évangélisation des esclaves, et, s'associant aux religieuses intentions proclamées par le gouvernement métropolitain, recommandaient la Mission des Antilles au dévouement du clergé. Agé déjà de cinquante-cinq ans, M. l'abbé Bourdet avait quitté l'importante paroisse de Cavaillon, où quatre vicaires obéissaient à sa direction curiale : il était allé, à travers les mers, se mettre humblement à la disposition de M. le préfet apostolique de la Guadeloupe. Il demandait un poste si modeste qu'on voudrait, mais où un bien réel à opérer lui offrît les moyens de rendre fructueux le sacrifice qu'il s'était imposé. Trois mois après il repassait l'Océan..... Car il s'était vu paralysé dans ses généreux desseins ; sa conscience avait été effrayée devant la responsabilité d'abus ecclésiastiques avec lesquels il ne voyait pas de transaction praticable ; il avait compris à temps l'importunité de sa présence. Au moment des adieux il me disait : « Je doute que vous puissiez rester ici encore un an, mais tenez-vous certain qu'on ne vous permettra pas d'y rester au delà de ce terme. » En même temps qu'il écrivait à son évêque pour lui annoncer son retour et lui dire ses déceptions, il voulut rendre un dernier service à la cause de la religion dans les colonies ; il crut devoir éclairer sur la véritable situation du clergé à la Guadeloupe, M. l'abbé Fourdinier, supérieur du séminaire du Saint-Esprit, qui alimente la Mission. La lettre écrite dans ce but fut communiquée par M. Fourdinier, vers le milieu d'août 1841, à M. de Saint-Hilaire, alors directeur des colonies au département de la marine, et elle lui fournit de nouveaux et puissants arguments pour l'établissement de siéges épiscopaux dans les Antilles. Les égards dus à celui dont je fus le subordonné, m'empêchent de reproduire ici les observations consignées dans ce document. Si Votre Excellence le jugeait nécessaire, il lui serait facile de se procurer l'original, et moi-même je pourrais en mettre une copie à sa disposition. Elle y verrait pourquoi l'on cherchait dès lors à « enlever au zélé M. le curé de Saint-François la considération dont il jouit et qu'il mérite à tant de titres; » combien « on semblait empressé de le voir partir ! »

Le navire qui ramena en France M. l'abbé Bourdet, portait aussi M. l'abbé Dugoujon, non moins irréprochable dans sa doctrine et dans ses mœurs, soutenu par la ferveur dont la jeunesse est animée à l'entrée de la carrière apostolique, et qui n'avait pu néanmoins résister plus de deux ans aux dégoûts qui attendent l'ecclésiastique de cœur dans l'état actuel des choses à la Guadeloupe. A son arrivée en France, il eut à se défendre contre d'injurieuses imputations qu'on avait fait voyager avec lui, et que reproduisit la bonne foi trompée d'un publiciste; mais plus heureux que moi, il lui fut possible de demander réparation à l'autorité judiciaire, et l'écrivain expia une regrettable erreur par un jugement qui rejaillit contre les premiers artisans du mensonge. M. l'abbé Dugoujon citant dans la *Revue des Colonies* plusieurs prêtres remarqués pour leur zèle apostolique et leur influence sur les noirs, voulait bien me comprendre dans le nombre; il déplorait le mauvais vouloir dont nous étions l'objet, et annonçait l'orage qui m'a atteint le premier. A mon tour, je prophétiserais presque infailliblement à plusieurs de mes respectables confrères demeurés sur les lieux, le sort qui les attend, si la persistance de l'opprimé à demander réparation de l'injustice qui l'atteint personnellement, n'éveille les sollicitudes de ceux qui ont puissance et droit pour obvier au mal général.

J'en viens maintenant, Monsieur le Ministre, à l'examen des mesures prises contre moi : mesures annoncées par des pressentiments si dignes de remarque !

Et d'abord qu'il me soit permis de vous montrer, dans le récit des circonstances qui ont accompagné mon expulsion, comment est observée à la Guadeloupe l'ordonnance du 9 février 1827. Malgré la vaste part faite au pouvoir dans un pays dont l'organisation exceptionnelle comporterait difficilement les entraves d'une méticuleuse légalité, la France n'a point livré les Français des colonies à un arbitraire sans limites. Déjà nos anciens rois, en réglant l'administration de cette partie lointaine de leurs États, avaient pourvu avec un soin particulier aux égards dont il convenait d'y entourer le ministère ecclésiastique. Voici quels étaient à cet égard les principes rappelés en 1777 par Louis XVI au gouverneur et à l'intendant de la Martinique, et formulés comme prescription constitutionnelle, par l'ordonnance royale du 9 février 1827 (Code de la Martinique, vol. III, p. 281 à 304.) :

« La religion, par la sainteté de son principe comme par l'excellence de sa fin, doit fixer les premiers regards de l'administration. C'est par elle que l'homme connaît ce qu'il doit à Dieu, à ses semblables et à lui-même. C'est surtout par le frein qu'elle impose que peuvent être maintenus des esclaves trop malheureux par l'esclavage même, et également insensibles à l'honneur, à la honte et aux châtiments. Sa Majesté prescrit, avant toutes choses, aux sieurs de Bouillé et de Tascher, d'honorer la religion et de la faire respecter, de donner de la considération à ses ministres et plus encore au sacerdoce, en veillant sur les mœurs et la conduite des ecclésiastiques.... Si l'ecclésiastique prévaricateur est séculier, le chef de la Mission se borne à lui retirer les pouvoirs par la même autorité qu'il les lui avait conférés, sauf, s'il y a scandale, à emprunter les secours de la puissance temporelle. »

La marche à suivre à l'égard du prêtre prévaricateur est donc nettement tracée. Le chef de la Mission commence par le frapper d'interdit, et ce n'est qu'ensuite, sur sa dénonciation et s'il y a scandale, que le gouverneur expulse de l'île le membre d'abord retranché du clergé local. Même dans ce cas, l'ordonnance veut que le coupable sache pourquoi on le condamne, qu'il l'apprenne directement, par écrit et sur les lieux du délit où il lui est encore possible de tenter une justification. « Le gouverneur, dit l'art. 553, fera connaître par écrit au fonctionnaire suspendu, les motifs de la décision prise à son égard. » A peine semblait-il nécessaire de formuler une disposition qu'impliquent les plus vulgaires notions d'équité; mais enfin elle est écrite, elle est incorporée dans le Code des Colonies et dans les prescriptions constitutionnelles qui doivent gouverner les gouverneurs : je ne sache pas qu'elle soit devenue moins obligatoire sous un gouvernement où les maximes de légalité semblent au contraire être invoquées comme une autorité prépondérante. J'ai dit le droit, voici les faits.

Le 14 juin dernier, M. le préfet apostolique me mande chez lui pour m'annoncer qu'il va être délivré de ma présence. « Vous m'avez été hostile, me dit-il, et on a pris mes intérêts en main. » Je le prie de m'alléguer une preuve à l'appui de cette accusation subite, je suis congédié sans explication. Une heure après on m'apporte une lettre de M. le préfet dans laquelle je lis mon interdiction de tout pouvoir dans la colonie.

Veuillez bien observer, Monsieur le Ministre, sur quoi se fonde l'interdit. Est-ce sur une faute que M. le préfet aurait eu à me eprocher? Est-ce sur l'oubli des devoirs de morale, de probité ou même de simple convenance qui lient le prêtre beaucoup plus étroitement qu'un autre ? En aucune façon ! pas un mot dans la lettre qui fasse la plus légère allusion à un cas dans lequel j'aurais mérité la censure ecclésiastique. Mon supérieur me retire mes pouvoirs *par suite de la mesure administrative qui me renvoie en France.* Or cette mesure, au moment où je recevais la missive de M. le préfet, m'avait bien été annoncée par lui, mais elle ne m'était pas encore notifiée de la part de M. le gouverneur qui seul avait puissance de la décréter. Quelle pouvait donc être la pensée de M. le préfet en invoquant pour motif de l'interdit, une décision du chef temporel, non encore formulée et qui devait logiquement et légalement avoir pour base cet interdit lui-même ? Dans quel dessein commettait-il cet étrange renversement de substituer la cause à l'effet et l'effet à la cause? Pourquoi se cachait-il derrière M. le gouverneur pour ne laisser apercevoir que le bras auquel lui seul avait dû donner l'impulsion dans cette circonstance? Une telle manière de procéder ne peut se comprendre si on ne l'explique par le besoin et le désir d'échapper à la responsabilité personnelle d'un interdit auquel les réalités auraient fourni trop difficilement un prétexte plausible.

Pour moi, loin d'esquiver une explication catégorique, voulant au contraire aborder les faits en face parce que je me sentais fort devant eux, j'eus l'honneur d'écrire immédiatement à M. le préfet, pour lui réitérer ma demande d'une articulation expresse qui me rendît une justification possible (voir les *Notes et Pièces justificat.*, I, à la fin du mémoire). Je prenais la liberté de lui rappeler les règlements canoniques qui imposent à l'évêque l'obligation d'informer avant de prononcer, d'admonester avant d'interdire, et de ne flétrir le pasteur aux yeux des fidèles que pour une faute grave, avérée, qui ne peut être corrigée autrement. Réclamer une enquête était mon droit et mon devoir : comment, de son côté, M. le préfet n'a-t-il pas songé que son silence absolu ne ferait pas seulement murmurer la charité et la règle, mais qu'en outre il autoriserait pleinement l'accusé à l'interpréter comme un aveu d'impuissance? — Point de réponse.....

Sur ces entrefaites, le 15 juin, arrive chez moi M. le commandant de gendarmerie, qui se dit envoyé par M. le gouverneur et me notifie, en son nom, l'injonction verbale de m'embarquer le 18 à quatre heures d'après midi sur la corvette *le Tarn* en partance pour Brest. Je me plais ici à déclarer que, dans sa brusque visite, cet officier supérieur se montra fidèle à ses habitudes de courtoisie : je lui dois même des remercîments pour sa bienveillante intervention ; car ce fut lui qui, désirant adoucir la rigueur de l'ordre du contre-amiral par les ménagements d'une voix connue et polie, obtint de remplacer le simple brigadier de gendarmerie, destiné d'abord à intimer au pasteur le commandement qui le chassait de l'île. Résolu d'obéir conformément à mon caractère de paix, je pris garde toutefois qu'une adhésion à un ordre purement oral serait peut-être présentée comme la fuite volontaire d'un coupable et son acquiescement tacite à des incriminations qu'il sait légitimes. En conséquence je persistai dans mon instance à l'effet d'obtenir communication des griefs, et la demande que j'avais infructueusement adressée dans ce but à mon supérieur ecclésiastique, je la transmis à M. le gouverneur. J'eus l'honneur de lui envoyer copie de ma correspondance avec M. le préfet, en lui déclarant qu'il m'importait de constater par là combien j'étais éloigné de me retirer volontairement et de fuir une instruction sur place ; que je ne partirais qu'en vertu d'un ordre écrit, « ne voulant pas assumer sur moi le scandale de mon expulsion, et paraître avouer des torts que j'ignorais légalement et en conscience. »

Obligé de se prononcer d'une façon plus positive, plus régulière, M. le gouverneur se borne à confirmer par écrit l'ordre essayé de vive voix ; seulement il substitue à l'heure de quatre heures, fixée d'abord, celle de midi, « comme s'il voulait (je reproduis les expressions dont s'est servi envers moi un témoin et juge éclairé des faits) se mieux rire de vos protestations si fermes, si mesurées à la fois, plus faciles à écarter avec le dédain du despotisme, qu'à vider avec la raison du droit. » Pour assurer la prompte exécution de ce coup d'autorité, on déploya un appareil de force plus qu'inutile en présence d'un pasteur qui, l'heure de la soumission ayant sonné, ne répondait même plus aux adieux et aux paroles d'affection se succédant sur son passage.

Ainsi refoulé par le silence stratégique de M. le préfet et par l'argumentation martiale de M. le gouverneur, un dernier cri m'échappa vers le pouvoir tutélaire qui a mission de poursuivre le coupable et de protéger l'opprimé. Je ne pouvais malheureusement saisir la magistrature d'un débat qui ne rentrait pas dans sa compétence ; mais du moins, une heure avant mon départ, j'adressai à MM. le procureur général et le procureur du roi une lettre dans laquelle je leur demandais d'attester que rien de compromettant ne leur avait été dénoncé contre moi. Cette lettre, je l'avais envoyée après conférence avec un des deux destinataires, qui, dans les adieux échangés entre nous, m'avait déclaré que son pouvoir se bornait à délivrer un certificat négatif de tout fait signalé à sa connaissance. Qui le croirait ! l'autorité administrative (je suis en mesure, Monsieur le Ministre, de vous en fournir la preuve) interdit à la vérité jusqu'à ce dernier moyen de se faire jour. M. le procureur du roi en ayant référé à M. le procureur général, et M. le procureur général ayant cru devoir en référer à son tour à M. le gouverneur, défense fut faite de me répondre.....

Je laisse à votre loyauté, Monsieur le Ministre, le soin de qualifier cette conduite. Était-il possible d'enfreindre plus complétement l'ordonnance où l'article qui exige communication par écrit des faits incriminés, est corroboré de ces autres dispositions générales : « Dans le cas même où l'honneur de la Religion et le bien public exigeraient le renvoi du missionnaire en France, le gouverneur usera de cette sévérité sans éclat..... Un principe qui ne doit jamais être oublié, c'est que le gouvernement doit être modéré, sage et bienfaisant ; et que c'est aux colonies surtout qu'il est vrai de dire que l'autorité n'est jamais plus puissante que lorsqu'elle est chérie et respectée. »

Quel est donc cet homme à l'égard duquel on se dispense si hardiment des formes protectrices sous l'égide desquelles l'ordonnance place même le prêtre prévaricateur et scandaleux ? Sans doute, son indignité est tellement notoire, que la population applaudit aux mesures énergiques qui purgent l'île de sa présence?

Voici ce qui s'est passé au vu et su de tout le monde. La nouvelle de mon départ avait à peine circulé, qu'une foule immense, éplorée, affluait au presbytère, dans les rues adjacentes et sur les quais, pour recevoir les adieux et les bénédictions dernières du pasteur. Plus de cent propriétaires ou géreurs, les plus honorables parmi les hommes de couleur, m'apportaient à la hâte une adresse (Voyez *N. et P. justificat.*, II), où je me plais à relire, pour retremper mon courage, l'expression des sentiments que j'avais eu le bonheur d'inspirer à cette partie si intéressante de mon troupeau. « Nous ne pourrions, disaient-ils en terminant, rappeler ici tout le bien que vous avez fait. Votre nom est dans toutes les bouches; la population désolée de la Basse-Terre, qui se presse autour de votre maison, vous témoigne assez toute l'étendue de sa douleur et de son désespoir ! Dites à la France que nous ne désespérons pas de votre retour ! Nos vœux pourraient-ils être stériles, lorsque les yeux noyés de larmes et tournés vers la mère-patrie, nous crierons au roi : Sire, rendez-nous notre père ! rendez-nous l'ami du pauvre, l'apôtre de l'Évangile, le consolateur des affligés et des malades, rendez-nous l'abbé Lamache. » — Je dois me féliciter ici de la précipitation forcée de mon embarquement; car elle soustrait à tout soupçon d'intrigue et d'obsessions, une adresse dont la spontanéité correspondait parfaitement à l'affluence qui se pressait autour de moi.

Je me dérobai aux entraînements d'une douleur qui aurait pu devenir menaçante pour la paix publique. Autant le pouvoir m'avait trouvé ferme et opiniâtre lorsqu'il s'était agi de réclamer le bénéfice du droit commun, l'articulation des faits, l'enquête justificative ; autant, ma demande une dernière fois repoussée, il me vit empressé à éteindre les manifestations du mécontentement général. Après avoir employé tout ce que mon ministère me donnait d'influence, à calmer les personnes qui comblaient le presbytère, je m'esquivai par une issue dérobée ; mais je retrouvai le même concours affluant sur le rivage et m'attendant au lieu de l'embarquement ; si bien que l'officier qui commandait le canot où je me jetai en échappant aux flots de la multitude, ne put retenir ces paroles significatives : « Je comprends maintenant pourquoi l'on vous renvoie ! » Tout est dans ces mots, griefs et défense.

Les témoignages d'affection me poursuivirent jusqu'à bord de la corvette *le Tarn*. Il me fallut recevoir, sous peine de contrister une tendresse vraiment filiale, de nombreuses, sinon de riches offrandes, qui la plupart étaient une dîme bien volontairement prélevée par le pauvre sur son indigence.

Le curé jeté à dix-huit cents lieues de sa paroisse, a appris que ses ouailles persévéraient à lui donner une autre preuve d'affection qui est particulièrement douce à son cœur, parce qu'elle révèle la confiance en Dieu, l'esprit de paix et de piété uni à cette constance chrétienne qui *espère contre l'espoir* : « Chaque jour, lui écrit-on, à l'heure fatale de votre embarquement (midi), des prières se disent pour vous dans votre église, et dans l'humble case du nègre qui croit en votre retour, parce que vous lui avez appris à croire en Dieu et à espérer en sa justice. »

Si ces témoignages d'estime et de dévouement qui m'étaient prodigués par la population de couleur et par les noirs, avaient eu pour contraste une hostilité dominante chez les blancs, je serais tenté de les passer sous silence dans mon intérêt; mais, j'en ai acquis l'expérience, l'ouvrier évangélique ne rencontre pas uniquement, dans la couche européenne du sol colonial, ces pierres d'achoppement contre lesquelles toute prudence échoue, et ces âpres racines où toute main se déchire. Dans le cours d'un ministère de quatre années, j'avais pu, j'avais dû froisser des préjugés, irriter des passions, et j'aurai dans un instant à retracer mes luttes contre des abus moins imputables, après tout, aux habitants qu'à l'administration; mais pour me consoler d'une malveillance qui n'osait engager un débat loyal, j'ai emporté de nombreuses et honorables amitiés dont le souvenir me sera éternellement cher. Au moment de mon départ, des familles entières de blancs, réalisant momentanément dans la douleur cette fusion chrétienne de toutes les classes que je m'étais efforcé de ménager, se mêlaient aux gens de couleur et aux noirs pour me serrer la main, m'embrasser, me dire leur désolation. Un membre du conseil colonial, de ma paroisse même, singulièrement vénéré dans toute la Guadeloupe, M. Bonnet, venait au milieu de la foule m'honorer du témoignage public de son estime. Un magistrat de la Cour royale, voulant rendre hommage jusqu'à la fin à la justice opprimée, prenait la peine de m'accompagner jusque sur la corvette *le Tarn*. Combien de personnes, appartenant à toutes les conditions de la race blanche, me rendirent, par l'expansion de leurs sentiments, cette heure de la séparation tout à la fois douce et cruelle! Ce Mémoire ne comporte pas la longue énumération de leurs noms; mais je les lis tous dans ma pensée, gravés en caractères ineffaçables. Aux regrets se joignait l'étonnement: j'avais à la vérité communiqué à quelques personnes dont la discrétion et l'autorité morale m'inspiraient confiance, les alarmes provoquées par quelques menaces indirectes et quelques sourdes rumeurs depuis longtemps déjà parvenues jusqu'à moi; mais ces personnes m'avaient exhorté à mépriser des manœuvres dont le silence de mes chefs semblait faire une suffisante justice. Je prends la liberté de citer, entre autres, M. Pariset, commissaire-général ordonnateur, dont les lumières, la prudence et l'inflexible droiture sont si bien connues dans l'administration de la marine. Jusqu'au dernier jour il m'a dit de persévérer, de ne rien craindre; et quand enfin je lui appris l'ostracisme prononcé contre moi, malgré les habitudes d'une réserve proverbiale, l'étonnement et la peine se trahirent sur ce visage d'ordinaire si impassible. Sans doute on n'avait pas jugé convenable de l'importuner par la confidence d'un projet contre lequel son équité aurait pu soulever de bien graves objections.

Au reste, M. le Ministre, pour vous faire connaître l'impression produite dans la colonie par la conduite de l'autorité à mon égard, je ne puis mieux faire que de transcrire parmi les *N. et P. justificat.*, III, une lettre écrite de la Guadeloupe, et que j'ai reçue en France quinze jours environ après mon arrivée. Quoique l'auteur ne m'ait pas autorisé à la livrer à la publicité, je ne crois manquer à aucun devoir en l'utilisant pour ma défense. La crainte d'exposer le signataire au premier mouvement d'impatience de M. le Gouverneur m'empêche d'imprimer son nom; mais si besoin est, M. le Ministre, je crois pouvoir le communiquer sans inconvénient à Votre Excellence. Elle jugera quelle confiance mérite le témoignage d'un homme aussi recommandable par son caractère personnel que par les fonctions dont il est investi.

Deux autres pièces écrites font foi de l'estime qu'on me portait dans la colonie, leurs auteurs n'ayant pu baser leur opinion que sur les renseignements fournis par les colons eux-mêmes, avec lesquels ils sont en relations habituelles :

L'une est une lettre que me faisait l'honneur de m'écrire M. le supérieur des missionnaires du Saint-Esprit. En m'y assurant que tout le bien qu'il entendait dire de moi lui inspirait la plus complète estime, le respectable signataire me priait d'accueillir les jeunes ecclésiastiques appelés à exercer leur ministère sur un terrain si difficile, et il se félicitait pour eux de connaître dans le curé de Saint-François un prêtre de bon conseil et de bon exemple.

L'autre consiste dans ces quelques lignes extraites du journal *le Globe* (numéros des 6 et 7 novembre 1841), qui n'est suspect ni d'abolitionisme, ni par conséquent de trop de faveur pour les prêtres aimés des noirs. « ... M. Lamache, curé de Saint-François, un homme plein de talent, d'ardeur et de modestie, qui fait un bien immense et qui en est béni. »

Il est vrai qu'un autre journal, *l'Univers religieux*, classé également parmi les organes de la presse conservatrice, quoique placé à un tout autre point de vue que *le Globe* dans la question coloniale, reproduisant plus tard le même éloge en d'autres termes, concluait qu'infailliblement je ne tiendrais pas contre la persécution, conséquence inévitable du dévouement évangélique dans les Antilles.

Un curé que protégeaient d'aussi unanimes témoignages, sur lequel la notoriété publique appelait la bienveillance, non les rigueurs de l'administration, devait-il donc être rangé parmi ces prêtres *scandaleux et prévaricateurs* dont l'expulsion est commandée par l'*honneur de la religion comme par le bien public?* La promptitude même de la mesure qui m'enlevait à ma paroisse, le refus de répondre, malgré les prescriptions formelles de l'ordonnance aux questions de l'accusé demandant de quoi on l'accuse, les précautions prises pour le priver de tout document justificatif, indiquent assez combien l'accusation avait peu de foi en elle-même. Son embarras se décèle encore par la généralité de termes à laquelle elle est réduite, faute de pouvoir préciser un seul fait dans un Acte dressé cependant sans contrôle, sans débat contradictoire. Vainement, le lendemain de l'audience que m'avait accordée M. le directeur des colonies, j'ai eu l'honneur de lui écrire pour lui demander de spécifier les faits auxquels s'appliquerait la double qualification par laquelle on prétendait flétrir ma conduite. N'ayant pas reçu de réponse, je me suis rendu au ministère, et là M. le sous-directeur à qui ma lettre avait été transmise n'a pu que reproduire les mêmes mots. Comme j'insistais sur la nécessité de prendre communication du dossier, M. le sous-directeur m'a déclaré qu'elle ne me serait point accordée, mais qu'en tout cas elle me serait parfaitement inutile, attendu que pas un fait particulier n'y était mentionné.

Dans cette situation peu ordinaire aux accusés, et dont s'étonneraient grandement les personnes familières avec les formes de la justice, que puis-je faire, M. le Ministre, pour vous *rendre compte de ma conduite,* si ce n'est en parcourir rapidement les accidents les plus saillants, retracer les circonstances dans lesquelles j'ai eu le malheur de me trouver en dissidence avec le chef de la Mission ou d'essuyer les reproches de l'autorité, chercher enfin dans mes souvenirs quel prétexte mes actes dénaturés ont pu fournir à la calomnie?

Insubordination, ce qui veut dire sans doute opposition systématique au pouvoir et, en particulier, indocilité coupable envers mon supérieur ecclésiastique : tel est le premier reproche dont on me charge.

Je ne m'en dissimule nullement la gravité. L'obéissance, première vertu du prêtre comme du soldat, lui devient spécialement nécessaire dans un pays dont la situation multiplie les difficultés inhérentes à l'exercice du saint ministère. J'apportais aux colonies une longue habitude de la discipline : façonné dès le jeune âge à l'ordre des maisons cléricales, j'avais prolongé durant plusieurs années, comme professeur de théologie dans un grand séminaire, cette vie où pas une heure n'échappe à l'empire de la règle ; et quand ensuite je m'étais confondu dans les rangs d'un nombreux clergé paroissial, jamais ni chef, ni collègues n'avaient paru soupçonner chez moi l'esprit de trouble et d'orgueil (Voy. *N. et P. justificat.*, IV). Par quelle fatalité aurais-je été renier tous mes précédents, alors que chaque pas sur un terrain nouveau, hérissé d'obstacles, me révélait l'impérieux besoin d'être guidé par une main ferme et expérimentée?

Ce reproche d'insubordination ne m'avait jamais été adressé par M. Jubelin, sous le gouvernement de qui se sont écoulés trois des quatre ans que j'ai passés à la Guadeloupe. M. Jubeliu, au contraire, m'honora constamment de ses bienveillants encouragements, même dans une circonstance où il m'avertit que j'avais mal compris la pensée de l'administration. Ce fut la voix impérieuse et irritée de M. le contre-amiral Gourbeyre qui fit gronder pour la première fois l'orage sur ma tête! Dans une visite que j'eus l'honneur de lui faire cinq mois environ après son installation, il m'accusa d'être indiscipliné, de contrarier le chef de la Mission, de me montrer hostile jusque dans mes bulletins, et évoquant la réminiscence d'un fait qui avait eu lieu sous le gouvernement de son prédécesseur: « Si j'avais été ici, me dit-il, je vous aurais fait embarquer dès le lendemain. » Ceci demande quelques explications auxquelles je prie Votre Excellence de vouloir bien prêter toute son attention; car si j'ai commis des fautes assez graves pour motiver mon bannissement, elles doivent se référer à cette circonstance, la seule où une admonition m'ait été adressée par l'autorité suprême.

Une ordonnance royale du 5 janvier 1840, aux dispositions de laquelle applaudirent tous les amis de la religion et de l'humanité, statuait dans ses articles 1, 2, 3, 7:

ART. I. Les ministres du culte dans les colonies françaises, sont tenus:

1° De prêter leur ministère aux maîtres pour l'accomplissement de l'obligation qui est imposée à ceux-ci de faire instruire leurs esclaves dans la religion chrétienne et de les maintenir dans la pratique des devoirs religieux;

2° De faire, au moins une fois par mois, à cet effet, une visite sur les habitations dépendantes de la paroisse;

3° De pourvoir, par des exercices religieux et par l'enseignement d'un catéchisme *spécial*, au moins une fois par semaine, à l'instruction des enfants esclaves.

Art. II. Le gouverneur de la colonie règlera, par un arrêté qui sera inséré dans la feuille officielle, les jours et heures où l'instruction religieuse aura lieu sur les habitations, et les jours et heures où le maître devra faire conduire à l'église, pour l'enseignement du catéchisme, les enfants esclaves âgés de moins de quatorze ans.

Art. III. Les esclaves des deux sexes, à partir de l'âge de quatre ans, seront admis dans toutes les écoles gratuites qui seront établies dans les villes, bourgs et communes.

Art. VII. Les contraventions aux dispositions de l'art. II rendront les maîtres passibles d'une amende de 25 à 100 francs, suivant les cas, et d'une amende double, en cas de récidive. Ces amendes seront prononcées correctionnellement.

Ainsi trois moyens devaient converger au même but moral : admission des enfants esclaves dans toutes les écoles gratuites; établissement d'un catéchisme spécial où les maîtres seraient tenus de les faire conduire; instructions et exercices religieux sur les habitations dont l'accès ne pourrait désormais être refusé au prêtre. En outre, comme il importait au gouvernement métropolitain de connaître les résultats que produirait la mise à exécution de ces bienfaisantes mesures, MM. les curés de la colonie furent chargés de fournir des renseignements statistiques sur le progrès moral et intellectuel des noirs leurs paroissiens, en même temps que des observations sur les causes qui pouvaient en retader le développement. Des bulletins mensuels leur étaient remis à cet effet par M. le préfet apostolique, qui lui-même en faisait le résumé dans un rapport adressé au ministre de la marine. Des trois moyens précités, les deux derniers devaient, aux termes de l'ordonnance, être réglementés dans leur application par un arrêté du gouverneur, qui déterminerait les jours et heures les plus convenables, tant pour le catéchisme spécial que pour les visites du prêtre sur les habitations. Mais le premier, savoir l'admission des enfants esclaves dans toutes les écoles gratuites, n'était subordonné à aucune restriction; il se trouvait de plein droit en vigueur, sitôt l'ordonnance promulguée dans la colonie. La promulgation eut lieu, sans réserves aucunes, par un arrêté rendu à la Basse-Terre le 2 avril 1840, et inséré dans le journal officiel de la localité.

Je m'empressai d'aller féliciter M. le supérieur de l'école gratuite confiée aux Frères de Ploërmel, sur une innovation qui ouvrait une large carrière à son zèle. Quel fût mon étonnement d'apprendre que M. le maire de la Basse-Terre venait de lui faire défense orale d'accueillir dans les classes aucun enfant esclave (V. *N. et P. just.*, V). D'après mon conseil, M. le supérieur écrivit immédiatement à ce fonctionnaire, le priant, s'il persistait dans la prohibition, de la réitérer par quelques lignes revêtues de sa signature, afin que les Frères pussent justifier leur refus d'ouvrir leur école à des enfants que l'ordonnance y déclarait admissibles. J'étais convaincu que M. le maire, propriétaire d'une habitation et défavorable, comme le sont plusieurs colons, à tout ce qui peut modifier la condition servile, n'avait fait qu'obéir à un mouvement irréfléchi d'impatience. Son silence après avoir reçu la lettre de M. le supérieur, ce refus de ratifier quelques paroles prononcées sous l'impulsion du premier mécontentement, me confirmèrent dans la pensée qu'une boutade d'opposition individuelle, suivie d'une rétractation tacite, demeurait sans valeur en présence de la volonté suprême, officiellement manifestée, portée à la connaissance de tous. J'étais d'autant mieux fondé à le croire, qu'aucun avis confidentiel, de nature à infirmer l'acte public, n'était parvenu au comité d'instruction dont je faisais partie. Or, le dimanche suivant, j'annonçais en chaire que, les vacances étant terminées, les Frères de Ploërmel allaient rouvrir les classes, et qu'une chapelle annexée à leur établissement s'ouvrirait désormais, pour le catéchisme et les offices, aux enfants que se refusait à recevoir l'étroite enceinte de l'église paroissiale. Je profitai de cette occasion pour inviter mes paroissiens à se montrer dignes par leur empressement des bienfaisantes sollicitudes dont ils trouvaient une nouvelle preuve dans l'ordonnance promulguée quelques jours auparavant; j'annonçai que ses termes s'appliquaient même aux esclaves. Je les exhortai à aller, esclaves et libres, s'asseoir ensemble sur les bancs des pieux instituteurs, maîtres élémentaires de la science et de la foi, pour y apprendre les devoirs divers relatifs à leurs diverses conditions. Grande rumeur dans toute la ville quand on y eut fait circuler mes paroles indignement travesties. Voulant les soustraire à toute interprétation perfide, je lus le dimanche suivant, à l'issue de la grand'messe, un petit discours écrit. Annonce et discours avaient été prononcés en présence de M. le préfet qui, s'isolant dans sa prudence habituelle, n'avait adressé ni un mot de blâme, ni un mot d'approbation au curé son subordonné, agissant sous ses yeux. Ma petite allocution, qui assurément ne méritait ni l'honneur, ni l'affront de tant occuper le public, fit encore plus de bruit que n'en avait occasionné la première annonce, et fut encore plus étrangement dénaturée. Sur les plaintes adressées à M. le maire contre le prédicateur incendiaire, ce magistrat se rendit chez M. le préfet, qui l'invita à s'expliquer directement avec moi, ne voulant sans doute ni s'associer trop ouvertement à la censure d'un acte dont il s'était rendu à moitié complice par son silence, ni prendre ma défense contre des susceptibilités dont une longue expérience lui a appris à connaître et à ménager le redoutable empire. Je reçus donc la visite de M. le maire, et entre autres questions qui toutes montraient combien mon langage avait été falsifié, celle-ci me fut adressée : « Est-il vrai que vous ayez dit que les esclaves pourraient suivre les écoles gratuites, *même contre le gré de leurs maîtres?* » Il me fut aisé de rassurer M. le maire; il me suffit de lui montrer le manuscrit de mon allocution, où se trouvait précisément le contraire de ce qui m'était attribué. Je me rendis ensuite chez M. le préfet, qui, exprimant si tardivement son opinion sur la convenance de ma conduite, me fit entendre de dures paroles, et m'envoya rendre compte de l'affaire à M. le gouverneur Jubelin. Je fus accueilli avec une bienveillance extrême : nous lûmes ensemble le petit discours incriminé : tout en daignant me féliciter sur mon zèle et sur les résultats qu'il avait obtenus, M. le gouverneur me fit observer qu'un curé n'avait point à s'immiscer dans l'instruction confiée aux Frères. Je pris la liberté de lui répondre que le catéchisme qui constitue aux Antilles, et d'après les ordonnances, et d'après les statuts des Frères, la partie principale de l'enseignement donné dans leurs écoles, en faisait sous ce rapport des collaborateurs du curé; qu'en conséquence, celui-ci semblait assez intéressé par son ministère au succès de leur œuvre, pour la recommander à ses paroissiens, au moment de la réouverture des classes. M. le gouverneur ajouta, quant à l'article de l'ordonnance qui ouvrait aux esclaves les écoles gratuites, « qu'il suffisait présentement que les esclaves eussent le droit, le temps n'étant pas encore venu de les en laisser user. » Assurément cette distinction entre le droit d'aller à l'école, et le fait d'y être admis, avait pu sans crime ne pas être devinée par un curé qui avait sous les yeux les termes explicites d'une ordonnance tout à la fois si claire et si conforme aux désirs de la charité. Aussi, M. Jubelin, alors à la veille de son départ pour France, voulut-il bien m'exhorter à poursuivre le cours de mes travaux sans me laisser déconcerter par une erreur si pardonnable. Pouvais-je prévoir que la simple réminiscence d'un fait gracieusement amnistié par l'autorité présente, m'attirerait, de la part de celle qui lui succéderait, une menace rétrospective d'embarquement transformée bientôt en réalité? En prenant lecture, M. le Ministre, de ce discours tel qu'il fut prononcé, tel qu'il fut entendu par plusieurs hauts fonctionnaires assistant à la messe, tel qu'il fut communiqué à M. Jubelin (V. *P. et N. just.*, VI), vous apprécierez jusqu'à quel point il est difficile au prêtre, dans les Antilles, de faire concourir son ministère à l'œuvre morale entreprise par le gouvernement de Sa Majesté, sans compromettre sa personne au choc d'irritables préjugés. Les choses en sont à ce point, que les ecclésiastiques des colonies se trouvent livrés à la plus grande perplexité. Ils ne savent si l'impulsion partie du gouvernement métropolitain, et avec laquelle concorde si bien la nature de leur mission, n'obéit pas maintenant à un mouvement de retraite; si la main qui avait offert le bienfait ne veut pas maintenant le retirer à elle; si enfin on n'a pas intention de paralyser les mesures qui avaient pour but, tout en restaurant ou plutôt en créant l'homme moral et le chrétien chez l'esclave, de le préparer à la possibilité d'une émancipation future. Comment ne s'adresseraient-ils pas ces questions, lorsqu'ils voient notamment le maire de la Basse-Terre interdire, par sa parole, aux enfants esclaves, l'entrée de l'école gratuite que venait de leur ouvrir l'ordonnance promulguée, puis cette même prohibition prendre huit mois après la consistance d'une mesure officielle et publiquement décrétée? En effet, une feuille soumise à la censure, et qui se publie à la Pointe-à-Pître, le *Journal Commercial* du 19 décembre 1840, annonçant l'ouverture dans cette ville d'une école gratuite pour les filles, proclame l'avis suivant qui est l'abolition effective de l'article 3 de l'ordonnance, aux termes duquel *toutes les écoles gratuites dans les villes, bourgs et communes, sont ouvertes aux esclaves des deux sexes*: « Cette école, dit la feuille censurée, étant uniquement instituée pour l'instruction des enfants de la population libre, aucun autre enfant ne saurait être admis. »

Ainsi le premier et le plus efficace moyen prescrit par l'ordonnance que vous-même avez contresignée, M. le Ministre, en vue d'assurer l'instruction morale et religieuse des esclaves, a été positivement aboli par l'autorité locale; et le crime par moi commis d'avoir cru à la sincérité d'une décision légalement promulguée, je l'expie par un châtiment assez éclatant pour servir désormais de leçon au clergé colonial.

Quant au second moyen, c'est-à-dire l'établissement d'un catéchisme spécial, son application a été ajournée jusqu'à un avenir indéfini, M. le Gouverneur n'ayant point jugé convenable de rendre l'arrêté qui devait, aux termes des articles 3 et 7 de l'Ordonnance, déterminer les jours et heures où les maîtres feraient, sous peine d'amende, conduire les enfants esclaves à l'église. Qu'est-il résulté de là? Vous avez pu l'apprendre, Monsieur le Ministre, par le Rapport en date du 26 septembre 1841 que vous a adressé M. le procureur du roi de la Basse-Terre, et qui a été imprimé avec plusieurs autres, par ordre de Votre Excellence, dans un *Mémoire relatif à l'exécution de l'Ordonnance royale du 5 janvier*. Voici ce que dit ce magistrat, 2e partie, p. 18 :

« Un grand nombre de propriétaires voient dans les leçons de la charité et de la religion des tendances destructives de l'esclavage, et l'on effacera difficilement de l'esprit de quelques-uns qu'éclairer l'esclave, c'est préparer son émancipation; quelques-autres prétendent que plus un esclave est éclairé, plus il est indiscipliné : de là cette opposition, en quelque sorte par force d'inertie, dont on ne saurait triompher avec des demi-mesures.

« Quant à l'obligation de faire conduire les enfants à l'église, le procureur du roi a constaté qu'elle n'était point exécutée. »

Au risque de heurter encore par mon zèle ces propriétaires d'esclaves dont M. le procureur du roi a dit la pensée; au risque d'encourir une seconde fois la défaveur de l'autorité qui montrait une si respectueuse condescendance pour leurs préventions, j'employai tous mes efforts à réunir un nombreux auditoire, composé principalement de gens de couleur et de noirs, dans un catéchisme spécial que j'établis le dimanche. Je fus assez heureux pour voir affluer à mes premières leçons six cents personnes environ, ce qui est le chiffre le plus élevé qu'on ait atteint dans aucune église de la colonie. Je fus (il m'est doux de le proclamer ici) secondé dans mes désirs par quelques honorables habitants qui envoyèrent spontanément leurs esclaves à des instructions dont ils savaient apprécier le vrai caractère. M. de Lacharrière, entre autres, président de la Cour royale, voulut bien, en m'adressant deux de ses esclaves pour les disposer à la première communion, rendre témoignage à l'utilité de mon enseignement dans l'intérêt même de l'ordre et de la soumission (V. *P. et N. just.*, VII). Plusieurs des noirs ainsi catéchisés à Saint-François ont montré une persévérance et une piété exemplaires. Quatre d'entre eux, tous esclaves, hommes d'un âge mûr, avaient conquis une telle estime par leur conduite édifiante, que les hommes de couleur libres ou même les blancs, assistant aux offices du dimanche dans le chœur de l'église, se faisaient une sorte d'honneur de voir au milieu d'eux, sur des chaises réservées, ces modèles de la paroisse. Ce fait, tout simple qu'il paraisse, est très-significatif pour les personnes qui connaissent les colonies. (V. *P. et N. just.*, VIII.)

Je voyais cependant avec regret le nombre de mes auditeurs, d'abord si considérable, décroître insensiblement. Je crus que la parole du chef de la Mission, si elle daignait se faire entendre une seule fois, communiquerait à l'œuvre une impulsion plus vive et surtout plus durable. En conséquence, dans l'un des bulletins où j'avais à consigner mes remarques sur l'instruction religieuse des esclaves et des nouveaux affranchis, j'exprimai le désir qu'une voix plus haute et plus vénérée que celle d'un simple curé conférât à l'enseignement le caractère d'une mesure encouragée par l'autorité, et soutînt le zèle de l'auditoire en lui inspirant confiance dans l'avenir. C'est sans doute à cette observation qu'a voulu faire allusion M. le gouverneur Gourbeyre lorsqu'il m'a reproché d'*être hostile à mon chef jusque dans mes bulletins*. M. le préfet apostolique, en effet, ni à l'église de Saint-François, son siége, ni dans aucune autre paroisse durant le cours de ses tournées pastorales, n'a jamais cru devoir adresser quelques paroles instructives et édifiantes à cette classe de la population que les circulaires ministérielles avaient reccommandée au sacerdoce comme l'objet spécial de ses sollicitudes. Une allocution paternelle tombant des lèvres du chef de la Mission eût cependant pénétré bien profondément dans le cœur des petits et des humbles, et donné l'accroissement aux semences répandues par la main du curé. Elle eût été encore d'une bien autre utilité pour le curé lui-même qui avait si grand besoin d'un modèle pour s'éclairer sur les formes que doit revêtir et les limites que peut atteindre l'enseignement des vérités évangéliques, dans un pays où le mot le plus simple et le plus conforme à la foi peut soulever un orage. Si M. le gouverneur a cru voir dans mes bulletins une critique injurieuse du silence gardé par mon supérieur ecclésiastique, il s'est mépris en ce qu'au lieu d'une censure, j'entendais seulement, sous ce mode respectueux et indirect d'observations demandées par M. le préfet lui-même, réitérer l'expression d'un regret que mes prières lui avaient déjà plusieurs fois manifesté.

Restait le troisième moyen, les visites périodiques du prêtre sur les habitations. M. le préfet apostolique n'avait pas attendu la promulgation de l'ordonnance pour publier une circulaire aux termes de laquelle MM. les curés devaient aller au milieu des ateliers catéchiser les esclaves, toutes les fois qu'ils seraient demandés par les maîtres. M. le préfet avait beaucoup trop d'expérience pour ne pas prévoir que l'obligation imposée au prêtre se réduirait à une vaine expectative, tant que les exhortations du chef de la Mission et les prescriptions du Gouverneur ne choisiraient pas pour objet les colons eux-mêmes. En effet, dans l'intervalle de temps compris entre la publication de la circulaire et celle de l'ordonnance, pas un planteur ne demanda le curé. Dans le même écrit pastoral, M. le préfet avait promis une prochaine édition d'un manuel dont il disait s'occuper activement pour organiser des exercices religieux qui accompagneraient l'enseignement sur les habitations : ce manuel se laisse encore désirer. Quand l'ordonnance eut été promulguée, je demandai au chef de la Mission si cette manifestation des intentions du gouvernement ne m'autorisait pas suffisamment à me présenter chez les maîtres, afin de m'entendre avec eux et d'éveiller leur zèle par mes instances : il me fut répondu de ne point devancer l'arrêté de M. le gouverneur qui m'ouvrirait les portes. L'arrêté ne paraissant pas, je pris sur moi d'aller chez les propriétaires solliciter leur concours. Plusieurs me répondirent aussi : « Nous attendrons l'arrêté. » D'autres plus généreux voulurent bien mettre leurs ateliers à ma disposition ; mais quelques-uns exigeaient que le temps de l'instruction fût pris sur les heures de la journée réservées à la disposition de l'esclave. De là il résultait que l'esclave, dans la nécessité de se reposer ou de pourvoir à ses besoins, ne livrait qu'avec répugnance à une destination purement spirituelle les instants si courts et si précieux pour lui. Il en résultait aussi pour le prêtre impossibilité de multiplier ses leçons aux mêmes heures dans des localités très-distantes. Un arrêté de M. le gouverneur aurait pu obvier à ce double inconvénient. Sans doute il aurait fait murmurer ceux des colons qui pensent que l'abrutissement de l'esclave est une garantie de sécurité pour le maître, et concorde mieux avec des fonctions purement machinales; mais c'était précisément pour triompher de cette opposition, que l'ordonnance avait armé le gouverneur de prescriptions sanctionnées par une peine.

Malgré l'inaction de l'autorité, le bon vouloir de plusieurs maîtres a permis de réaliser quelque bien. Le nombre de ceux qui permettaient l'accès de leurs habitations au prêtre était devenu considérable au bout de quelque temps dans les quartiers annexés à la paroisse de Saint-François, et le mouvement allait se propageant peu à peu dans les localités voisines; mais il n'a pas franchi la *Rivière Salée* qui sépare la Guadeloupe proprement dite de l'autre partie de la colonie appelée Grande-Terre; mais il n'a pas pénétré jusqu'à Marie-Galante, cette dépendance si importante soumise au même Gouverneur. Bien plus, à la Pointe-à-Pître, la ville la plus importante des Antilles françaises par son commerce, et de laquelle toutes les paroisses de la Grande-Terre attendent l'exemple, car elle a pour curé M. le vice-préfet apostolique, non-seulement l'enseignement religieux n'avait pas dépassé le seuil du temple au moment où je quittai l'île; mais on ne faisait plus même de catéchisme spécial dans l'église : il avait été suspendu par le départ d'un vicaire zélé qui est lui-même en but à mille tracasseries et à mille dégoûts. Ainsi les visites sur les habitations, prescrites par l'ordonnance, sont inconnues à Marie-Galante; dans la Grande-Terre elles n'ont lieu qu'exceptionnellement; dans la Guadeloupe proprement dite elles se font sur la majorité des grandes habitations, mais non sur les petites caféières et autres habitations peu importantes qui, occupant chacune une dizaine d'esclaves, ne laissent pas, réunies, de concourir pour un chiffre élevé à la masse de la population servile.

Ces faits, Monsieur le Ministre, étaient parvenus à votre connaissance lorsque vous adressiez au gouverneur la circulaire du 17 août 1841, où je lis :

« Monsieur le Gouverneur, des informations que j'ai reçues me donnent lieu de craindre que les intentions du Gouvernement et des Chambres, relativement à la moralisation de la population noire dans nos colonies, n'y soient pas exécutées avec l'esprit de suite et le zèle sans lequel cette œuvre de bien public ne peut obtenir les bons résultats qu'on doit en attendre. Diverses causes sont assignées à ce fâcheux état de choses. On accuse les prêtres de se consacrer exclusivement à l'instruction de la classe blanche, d'ailleurs bien peu avancée; on va même jusqu'à accuser les autorités coloniales d'un déni de protection envers ceux dont le zèle sollicite leur appui ..... En ce qui concerne les ministres du culte, il m'a paru nécessaire de réclamer l'intervention d'une autorité épiscopale, non-seulement pour que les obligations qu'ils ont à remplir quant à l'instruction religieuse des diverses classes de la population, soient l'objet de tous leurs soins, mais encore pour qu'ils soient désormais soumis d'une manière plus intime à une haute discipline. Une inspection extraordinaire de tout ce qui se rapporte à l'exercice de la religion dans les colonies y sera prochainement effectuée. Le Gouvernement va se concerter à cet effet avec qui de droit. Je vous prie, Monsieur le Gouverneur, de charger M. le préfet apostolique d'en informer les ecclésiastiques placés sous ses ordres. »

M. le Préfet apostolique de la Guadeloupe se garda d'informer son clergé de cette inspection extraordinaire annoncée par la circulaire ministérielle. Je n'en eus connaissance que par quelques mots échappés à l'indiscrétion d'un employé dans les bureaux. Pourquoi se taisait-on sur une mesure que vous ordonniez, Monsieur le Ministre, de porter à notre connaissance? pourquoi semblait-on redouter et reculer autant que possible le jour où la vérité se manifesterait?

Cependant les avertissements et les plaintes du gouvernement métropolitain ne pouvaient être dédaignés. Tout en ménageant les préventions indigènes contre l'instruction des noirs, tout en ridiculisant dans les salons de la Basse-Terre l'admirable mandement par lequel Mgr. l'archevêque de Lyon préconisait cette œuvre de charité et de civilisation chrétienne, il fallait persuader à la métropole que les statuts ministériels avaient porté leurs fruits. Aussi, les rapports dressés par le chef de la Mission ne manquaient pas de présenter les choses sous le jour le plus favorable. Dans la deuxième partie, page 15, du Mémoire déjà cité et publié par les ordres de Votre Excellence, on lit : « Les résultats que constate le relevé fait par M. le préfet apostolique de la Guadeloupe sont très satisfaisants. Il n'est plus une seule habitation dans toute la commune de la Basse-Terre qui ne reçoive périodiquement la visite du prêtre. A la Capesterre, l'une des communes les plus considérables de la Guadeloupe, tous les maîtres réclament aujourd'hui l'instruction, et le ministère d'un seul prêtre peut à peine suffire à leur empressement..... etc. » M. le préfet apostolique prenait évidemment ici ses espérances et ses désirs pour des réalités accomplies. Jamais en effet, dans la commune de la Basse-Terre dont j'étais curé, et où le bienveillant concours des habitants a permis d'atteindre une proportion sans exemple, le nombre des ateliers sur lesquels l'instruction a été donnée périodiquement, tant par moi que par mes vicaires, n'a excédé vingt, ce qui laissait en dehors de la bienfaisante mesure un tiers, au moins, de la population servile; et encore, dans les derniers mois de mon séjour, l'œuvre ne faisait plus que languir, par suite de changements de vicaires, et de l'incertitude où M. le préfet laissait les nouveaux venus sur leurs attributions dans les divers quartiers annexés à ma paroisse. Au reste, pour démontrer l'erreur commise dans le rapport de M. le préfet, il suffit de le confronter avec ceux de M. le gouverneur et des procureurs du roi, tant de la Basse-Terre que de Marie-Galante. « Les résultats obtenus sont très-satisfaisants, » au dire du chef de la Mission. Nous avons cité trois pages plus haut le procureur du roi de la Basse-Terre, constatant chez un grand nombre de propriétaires cette répugnance contre l'instruction des esclaves, « cette opposition, en quelque sorte par force d'inertie, dont on ne saurait triompher par des demi-mesures. » Maintenant écoutons le procureur du roi de Marie-Galante : « Quant à l'instruction pastorale qui devrait être faite périodiquement sur les habitations, il faudrait qu'elle fût réclamée par les maîtres pour porter quelque fruit; mais ils semblent craindre de prendre l'initiative à cet égard, et elle n'a point lieu. » Enfin M. le gouverneur Gourbeyre s'exprime en ces termes : « L'instruction religieuse n'a pas reçu ici une bonne direction. Le clergé en général, et celui de la Grande-Terre particulièrement, n'apporte pas un zèle extrême dans l'accomplissement de sa mission. Les prêtres s'occupent peu de l'instruction religieuse des noirs, et à cet égard, il faut le dire, l'autorité ecclésiastique mérite bien quelques reproches. »

La conclusion qui ressort de toutes ces citations, la voici : Des intérêts mal compris et des préjugés natifs indisposent un certain nombre de colons contre toute mesure qui tend à éclairer l'esclave et à relever chez lui le sentiment de la dignité morale. Le gouvernement de Sa Majesté voulait que le bien se fît nonobstant ces fâcheuses dispositions. Ses ordonnances, en rappelant aux prêtres le devoir qui leur était imposé de porter l'instruction sur les habitations, établissaient impérativement pour les maîtres l'obligation d'accueillir les visites pastorales. Un arrêté du gouverneur devait en déterminer le jour et l'heure. L'autorité coloniale s'est abstenue de rendre cet arrêté, dans la crainte de déplaire aux maîtres et seigneurs du territoire; elle a, par cette inaction calculée, paralysé l'ordonnance. Il lui sied donc mal de rejeter la faute sur le clergé qui ne peut imposer son ministère à qui n'en veut pas. Toujours est-il que l'œuvre désirée et commandée par le gouvernement métropolitain languit partout et n'est essayée que sur un petit nombre de points. Le chef de la Mission dont la responsabilité semblait plus particulièrement inculpée par cet état de choses, au lieu de signaler toute l'étendue du mal et de provoquer par ses représentations l'exécution effective de l'ordonnance, a transmis au ministère de la marine des notes qui tendaient à perpétuer le *statu quo;* car elles auraient fait croire à la réalité d'un progrès rapide, si les témoignages administratifs et judiciaires n'avaient dévoilé la véritable situation.

Les relevés faits par le chef de la Mission avaient pour base les bulletins curiaux : aussi prenait-on soin que ceux-ci se prêtassent à l'illusion désirée. Un curé ayant mis zéro sur la colonne où devait être inscrit le nombre des esclaves recevant l'instruction dans sa paroisse, le malencontreux bulletin lui fut renvoyé avec invitation de modifier un chiffre qui n'était pas présentable. Ce fait serait certifié au besoin par une personne en ce moment à Paris, et qui l'a entendu raconter par le curé lui-même. Moi aussi j'avais mentionné le nombre exact des habitations visitées ; je fus engagé à restreindre le chiffre porté sur mes premiers bulletins, et à en réserver une partie pour les bulletins ultérieurs qui auraient besoin, peut-être, de ce renfort complaisant afin de s'échelonner en série ascendante. Je ne crus pas que la sainte vertu d'obéissance m'obligeât à cette souplesse de calcul.

Mon obstination à dire la vérité lorsque j'étais interrogé, à la dire tout entière et si importune qu'elle fût, m'exposait à froisser des susceptibilités de plus d'un genre. Les bulletins doivent indiquer le nombre des esclaves auxquels a été donnée la bénédiction nuptiale. En inscrivant avec regret le chiffre minime de ces mariages dans ma paroisse, je dus indiquer, à la colonne des observations, les causes principales qui, selon moi, empêchaient les esclaves de s'astreindre au lien conjugal. Je mentionnai : 1° l'autorité de l'exemple donné par les grands aux petits ; l'habitude du concubinage, dégénérée pour ainsi dire en un droit coutumier, presque universelle dans les colonies où les femmes de couleur comme les noires, semblent dévolues fatalement à un rôle qui perpétue l'abaissement de leur classe, et les retient étrangères à la sainteté du mariage; 2° la répugnance bien naturelle qu'éprouve l'homme esclave à épouser une compagne de captivité dont la personne est exposée à un odieux abus que quelques maîtres peuvent faire de leur droit de propriété; 3° l'absence d'une sanction civile qui serait bien nécessaire pour resserrer des nœuds que le prêtre forme en tremblant, car ils seront peut-être rompus par le caprice et l'inconstance du couple servile à peine initié aux notions religieuses. Sont-ce ces réflexions qui auraient paru à M. le gouverneur une critique sans fin et sans mesure de l'ordre établi? Elles révèlent, j'en conviens, une médiocre sympathie pour des idées et des coutumes chères à plusieurs de ceux-là même qui sembleraient avoir mission de les réformer; mais j'avais cru que ce n'était pas vainement qu'une large colonne ouverte dans le Bulletin aux observations, provoquait les remarques suggérées au curé par sa religion et son expérience.

Je poursuis l'examen de ma conduite, je cherche par quoi encore elle a pu prêter au reproche d'insubordination. Ai-je enfreint des règlements qu'aurait promulgués le premier pasteur, selon l'usage suivi dans chaque diocèse de France, pour assurer la convenable administration des sacrements, les limites de la juridiction, la décence du culte, la dignité des mœurs sacerdotales? Mais les statuts disciplinaires sont chose complétement inconnue dans la Mission de la Guadeloupe. Ce n'est pas une des moindres surprises réservées au prêtre nouveau-venu d'apprendre que, pour résoudre ces mille questions urgentes soulevées par la pratique, il cherchera vainement sur les rayons de sa bibliothèque le conseiller officiel dont sont pourvus les plus humbles presbytères de France.

A défaut de loi écrite, interrogera-t-il la coutume comme expression tacite de la volonté du supérieur ? Mais le spectacle de la plus étrange diversité et quelquefois des abus les plus criants le forcera bientôt à détourner les regards. Vainement M. le préfet a été prié par M. l'abbé Pérol, par moi-même et par plusieurs autres ecclésiastiques, d'organiser des retraites annuelles dans lesquelles les curés viendraient s'édifier et s'instruire, afin de faire régner l'unité. Notre demande n'a pas été exaucée.

En l'absence de règles coutumières comme de statuts formels, consultera-t-on directement celui qui a mission de diriger les autres? Quelques faits montreront combien cette dernière ressource est illusoire, ou comment elle ne fait quelquefois que porter au comble les perplexités du théologien, réduit à opter entre la tolérance de M. le préfet et les prescriptions de l'Église.

M. Gothard, ex-maire de ma paroisse *extra muros*, se présente à l'église de Saint-François pour assister à un baptême en qualité de parrain. Il est protestant. Je lui donne lecture des canons qui s'opposent à ce que son désir soit satisfait. Il m'apprend alors qu'une circonstance analogue s'est déjà offerte, et qu'il a pour filleul un enfant baptisé par M. Briand, curé d'une paroisse voisine. M. le préfet apostolique, consulté, avait imaginé un moyen de soumettre un enfant catholique à la paternité spirituelle d'un protestant. M. Gothard avait assisté au baptême comme parrain; mais un tiers, mandataire désigné par lui, avait répondu aux questions du prêtre. Quel que fût mon regret de contredire un précédent établi par le chef de la Mission, ma raison se refusa de se plier à cette bizarre doctrine d'après laquelle une personne radicalement incapable pourrait conférer à autrui le pouvoir dont elle-même est dépourvue.

Dans l'administration du sacrement de Pénitence, une grave difficulté arrête le prêtre des colonies, quand l'approche de la Pâque amène à son confessionnal des maîtresses d'habitation, qui ne s'inquiètent pas plus du salut de leurs serviteurs que si c'étaient des brutes. Que dire à cette humble pénitente qui depuis sa dernière communion paschale a eu constamment sous les yeux, sans y remédier, sans même y songer, la promiscuité de plus de cent esclaves placés sous sa dépendance, leur ignorance absolue des notions les plus indispensables de la foi? Le cas est soumis à M. le préfet : « *Fermez les yeux là-dessus*, » répond-il. La prudence humaine s'accommode parfaitement de cette solution; mais doit-on faire un crime au prêtre de n'avoir pu chasser de sa mémoire et de sa conscience les paroles de saint Paul : *Si quis autem suorum, et maxime domesticorum curam non habet, fidem negavit et est infideli deterior?*

J'étais contraint d'importuner, de fatiguer le chef de la Mission par des consultations qui n'avaient d'autre résultat que de me faire considérer comme un esprit inquiet et ombrageux. Devait-on, par exemple, publier les bans de mariage des esclaves? Quoique les esclaves n'aient point d'état civil, ce qui est un immense obstacle à leur moralisation, la religion attache à leur mariage les mêmes conditions, le même caractère, la même importance qu'à celui des personnes libres; et le concile de Trente, en ordonnant la publication des bans, n'a pas établi d'exception pour les fiancés de condition servile. Devais-je accepter celle qui s'est introduite dans la plupart des paroisses de la colonie? Je le demandai à M. le préfet. « *Faites selon les circonstances,* » voilà l'unique réponse que j'obtins.

Parlerai-je du plus auguste des sacrements, de celui qui unit ensemble par le lien le plus puissant, le plus intime, les conditions diverses de la société chrétienne? L'Eucharistie, qui est l'âme du catholicisme, le principe réparateur de sa vie morale, le foyer de sa charité; qui fait d'une multitude de membres épars un seul et même corps animé d'un même esprit, devrait, ce semble, être l'objet d'un soin tout spécial aux Antilles. Plus que partout ailleurs elle y est nécessaire pour combler l'abîme entre le maître et l'esclave, pour neutraliser par une force supérieure les influences dangereuses du climat, pour combattre les déplorables facilités que le régime social présente à la licence des mœurs. L'action de ce remède divin serait d'autant plus efficace, qu'un sentiment de respect très-remarquable et digne des plus grands éloges, protége, consacre et rend en quelque sorte inviolable, dans les colonies, la vertu de la personne qui a participé à ce grand sacrement. L'humilité de sa condition semblât-elle la dévouer aux caprices du libertinage, sa conduite personnelle n'eût-elle été qu'un long et perpétuel désordre; dès le jour où elle a fait sa première communion, elle reçoit dans le langage local le beau nom de *personne vouée à Dieu*, et désormais elle n'a plus guère à craindre que les entraînements de ses propres passions. Eh bien! malgré tant de motifs qui devraient exciter le zèle pastoral à tremper l'adolescence dans cette source divine de la grâce, rien de plus négligé à la Guadeloupe, rien de plus abandonné au caprice et à l'arbitraire de chacun. Non-seulement il n'y a pas d'âge fixé pour la première communion, mais encore une coutume presque générale la recule pour les personnes de couleur et pour les noirs jusqu'à la dernière saison de la vie. Avant que j'exerçasse mon ministère dans la paroisse de Saint-François, la population d'élite fournissait presque seule son contingent d'adolescents aux fêtes de première communion. Soit que la cupidité attendît l'époque où l'esclave ne pourrait plus rendre aucun service, pour lui laisser le loisir de se préparer à l'acte le plus important du christianisme; soit qu'une autre passion plus criminelle encore murmurât contre la consécration du jeune âge au Seigneur; soit qu'enfin une piété singulièrement inspirée voulût reculer cet engagement solennel jusqu'à un temps où les rechutes dans le désordre deviendraient impossibles; on ne voyait se mêler aux jeunes communiants de la race blanche, que des femmes de couleur ou des négresses touchant à la vieillesse et souvent arrivées à la décrépitude. Tel est l'empire exercé par la coutume locale sur les hommes qu'un long séjour a familiarisés avec ses bizarreries, que M. le préfet apostolique se prêtait difficilement au désir manifesté par moi de la modifier en ce point. Lui-même avait acheté une femme esclave et sa fille âgée de quinze ou seize ans : cette jeune fille montrait d'heureuses dispositions pour la piété, et comme elle résidait sur ma paroisse, elle était venue me supplier de la préparer à la première communion. J'essayai d'obtenir cette permission de son maître; renvoyé par lui à une vieille domestique qui est sa femme de charge, je ne pus vaincre des répugnances partagées : pour que la pauvre enfant pût suivre les instructions préparatoires et s'approcher ensuite de la table sainte, il fallut que son père, homme de couleur libre, employât son pécule à la racheter.

Les catéchismes préparatoires à la première communion ne sont non plus assujétis à aucune règle. Dans la Guyane française, j'avais vu M. le préfet apostolique lui-même adresser aux enfants une instruction familière, presque quotidienne, et les acheminer, par des leçons suivies pendant plusieurs années, au grand devoir que tout chrétien doit remplir dès qu'il a assez de discernement pour le comprendre ; mais le chef de la Mission de la Guadeloupe n'a pas même jugé convenable de donner, à défaut d'exemple, un règlement sur la matière. Dans la plupart des paroisses de la colonie le catéchisme n'a eu lieu que lorsqu'il a plu aux prêtres de l'entreprendre, ordinairement à des intervalles de deux ou trois années, pendant le cours de quelques mois seulement, et pour ceux qui ont manifesté le désir de se disposer à une communion prochaine. Disons-le cependant à la louange de quelques ecclésiastiques, il s'en est rencontré dont le zèle n'a ni attendu l'impulsion, ni subi la coutume : ils ont multiplié leurs instructions presque comme les jours de la semaine, leurs fêtes de première communion plus que les années ; par leurs soins, grand nombre de jeunes victimes promises au libertinage lui ont été dérobées, et la persévérance des âmes qu'ils ont consacrées à Dieu répond aux objections d'une piété défiante jusqu'à l'excès.

J'ai dû prendre sur moi d'abolir dans ma paroisse un abus qui condamnait même des personnes libres et bien intentionnées à retarder indéfiniment leur première communion. Dans les commencements de mon ministère, comme j'engageais des hommes avancés en âge et animés de bonnes dispositions, à remplir leur devoir de chrétien, souvent on me répondait : « Mon père, je le voudrais bien, mais mes moyens ne me le permettent pas ; attendez que j'aie fait quelques épargnes. » Cette réponse, d'abord inintelligible pour moi, me fut bientôt expliquée. On faisait consister la préparation principale à la première communion dans des pratiques très-coûteuses, et où la vanité et la licence trouvaient beaucoup plus sûrement que la vraie dévotion, moyen de se satisfaire. De vieilles femmes sans diplôme et sans titre, quelques-unes instruites et mues par des intentions irréprochables, mais la plupart d'une ignorance grossière et faisant un étrange amalgame de trafic et de superstition, s'étaient érigées en directrices des postulants inscrits par le curé sur la liste de première communion. Elles imposaient à leurs disciples, en vertu d'un usage traditionnel, l'obligation de se rallier, chaque jour, hommes et femmes confondus dans un étroit local, pour chanter tous les cantiques et toutes les litanies connus. Durant la semaine qui précédait la communion, tout ce monde restait cloîtré, buvant, mangeant et dormant sous le même toit, presque pêle-mêle, sans distinction de sexe. Les tables étaient chargées d'une nourriture abondante et tout à fait luxueuse pour ces pauvres gens qui s'imaginaient se préparer ainsi dignement à la grande fête. Chaque matin les directrices exigeaient des femmes et filles qu'elles revêtissent une toilette nouvelle de plus en plus recherchée à mesure qu'on approchait du jour solennel. C'est là ce qu'on appelait la *Retraite*. Quand enfin les disciples, gens de couleur, noirs ou négresses, arrivaient au sacré banquet, l'éclat grotesque de leur parure allait jusqu'à compromettre la gravité de la cérémonie. Leçons de catéchisme et de toilette, cantiques et dépenses culinaires, dévotion et logement, tout était tarifé au gré des directrices qui épuisaient les économies de plusieurs années. L'autorité ecclésiastique n'aurait-elle pas dû depuis longtemps pourvoir à la répression d'un pareil désordre? Je le sais, c'était mettre en souffrance l'intérêt des maîtresses d'instruction, le gain du marchand, le casuel même du curé, et mécontenter les personnes aux yeux desquelles la vétusté d'un abus le transforme en droit inviolable. Ces considérations ne m'ont pas semblé tenir contre le devoir d'aplanir le chemin de la table à laquelle le Père céleste convie tous ses enfants. J'ai entendu pour la centième fois murmurer autour de moi le nom de novateur; mais j'ai eu, pour me dédommager, le bonheur de voir se ranger, à Saint-François, sous la bannière des communiants, plus de cinq cents personnes de tout âge et de tout sexe, libres et esclaves, blancs ou hommes de couleur, tous confondus sans autre distinction que celle de la taille, tous revêtus d'un costume modeste et uniforme, les vanités de race ou de fortune s'abdiquant elles-mêmes devant l'autel du Dieu qui se donne également à tous. Cette ample moisson offerte au Seigneur fut en grande partie le fruit du zèle que mirent les Frères de Ploërmel à seconder le pasteur. Ils transformèrent leur enceinte en une maison de retraite, et multiplièrent les instructions, les exercices religieux préparatoires au grand acte de la première communion.

Dans l'administration du saint viatique et de l'extrême-onction, nouvelle indocilité de ma part aux précédents établis. A mon arrivée à la Basse-Terre, M. le préfet apostolique m'avait dit que le saint-sacrement était porté incognito aux malades, sans toutefois me défendre positivement de suivre l'exemple contraire offert par la plupart des villes de la métropole. Je crus ne point devoir répudier, dans ces visites du Dieu consolateur aux mourants, l'éclat du culte catholique si puissant sur les masses, aux Antilles plus que partout ailleurs. Je n'avais pas à craindre de froisser nombre de personnes adhérentes à une autre croyance; car les protestants ne forment dans la population de la Guadeloupe qu'une minorité imperceptible. Mettant donc à profit la réserve de M. le préfet qui n'avait pas formulé de prohibition explicite, je portai le saint viatique avec tous les insignes de la religion; chaque fois plusieurs centaines de fidèles se pressèrent sur mes pas; le soldat et son chef s'inclinèrent devant Celui qui tient entre ses mains la vie et la mort; la communion dernière du chrétien devint pour ses frères un sujet d'édification et de piété, pour lui-même un secours spirituel augmenté de toutes les ferventes prières qui s'associaient à la sienne.

Une chose infiniment regrettable, vraiment désolante, c'est que l'ecclésiastique qui tient à son devoir, ne sait comment le remplir quand il s'agit du *sujet* du viatique. Doit-il le porter aux personnes instruites des notions de la foi, avancées même en âge, mais qui n'ont pas fait leur première communion, cas très-fréquent dans les colonies? En France, la question n'en serait pas une : on répondrait que si jamais on est dans l'obligation de s'approprier les grâces attachées au sacrement de l'eucharistie, c'est à l'approche de la dernière heure. A la Guadeloupe, l'usage contraire est tellement invétéré, que le problème paraît insoluble à M. le préfet. Une consultation lui fut adressée à ce sujet; il se retrancha dans un silence invincible. Dans la ville, il était rare, avant moi, de porter le saint viatique, même clandestinement, même aux personnes qui avaient fait leur première communion ; cela est bien plus rare encore dans les campagnes, et ce serait déroger à tous les usages que de l'offrir à un esclave d'habitation, que pourtant on aurait déjà entendu et absous en confession.

Mêmes incertitudes, mêmes abus, quant au *sujet* de l'extrême-onction. Quel est l'âge, le degré d'instruction requis pour la recevoir ? Quelles marques extérieures de repentir peut-on exiger dans le cas de concubinage public où se trouvent, *in articulo mortis*, un si grand nombre des personnes qui réclament le ministère du prêtre dans les colonies ? Rien de statué sur tous ces points. On serait grandement stupéfait dans un séminaire de France ; on serait même grandement scandalisé si l'on m'entendait raconter ce qui m'arriva dans les premiers temps de mon séjour à la Guadeloupe. Je fus appelé dans un des hôpitaux de la colonie pour porter les secours de la religion à un militaire breton dont le vif regret était, qu'on me pardonne de reproduire l'énergique expression de sa pieuse douleur, de *se voir mourir comme un chien*. Sachant que l'aumônier de l'hôpital était malade et hors d'état de remplir ses fonctions, je m'empressai de me rendre à la demande du moribond ; mais quelle fut ma douleur quand je vis l'aumônier même de l'établissement se lever du lit où il était retenu par la fièvre, pour venir m'opposer la force de la coutume et m'interdire d'administrer le sacrement des mourants ! « Hélas ! monsieur, me disait en cette circonstance une sœur hospitalière qui avait autrefois exercé son ministère de charité dans les hôpitaux de France, ici on n'a pas l'usage de donner l'extrême-onction, et depuis quatorze ans le saint viatique n'a paru qu'une fois dans les salles des malades ! » M. le préfet apostolique voulut bien cependant se rendre aux plaintes de ma juste et violente indignation : il me fut possible de retourner près du soldat agonisant, et de satisfaire son ardent désir. Mais quelques jours après, on était alors en proie à l'épidémie de 1838, on me refusa positivement de m'admettre au lit d'un officier mourant dont je connaissais les sentiments de foi, et auprès duquel m'avait envoyé son épouse éplorée : on me donna pour raison de ce refus obstiné que le malade ne parlait plus et ne pouvait se confesser.

Voilà une partie des abus introduits à la Guadeloupe dans l'administration des sacrements. Le prêtre qui arrive de France, rencontre à chaque pas un démenti aux leçons qui lui furent données dans les séminaires diocésains : le professeur lui-même qui enseigna le dogme et la morale, se sent pressé d'avouer qu'il n'y entend plus rien. Aux yeux du chef de la Mission et de quelques confrères *créolisés* par un séjour de dix ou vingt ans, il passera pour un réformateur téméraire, pour un artisan de troubles et un orgueilleux censeur, s'il ne fait pas sa religion de la routine locale.

A plus forte raison le désordre règne-t-il dans les choses d'une importance secondaire, la liturgie, le rit, le chant, la solennité des offices, qui constituent la forme du culte public, en même temps qu'ils en entretiennent le fond. Dans telle église de la Guadeloupe on suit le rit romain, dans l'église voisine le rit parisien : un curé célèbre les fêtes de dévotion, son confrère les omet : les jours de fêtes d'obligation, celui-là expose le Saint-Sacrement à l'adoration des fidèles ; cet autre le tient caché dans le tabernacle : j'ai vu M. le préfet, au moment où je montais en chaire pour annoncer l'abstinence des rogations, m'avertir de n'en point parler, tandis que le curé du Mont-Carmel, paroisse limitrophe, la publiait comme obligatoire. Quant à l'office des morts, chacun en détermine arbitrairement le degré de solennité, chante ce que bon lui semble, et les fonctions sacrées deviennent matière aux calculs d'une fiscalité d'autant plus odieuse qu'elle spécule sur un sentiment plus respectable. A la Basse-Terre et dans son arrondissement, jamais on ne célèbre une messe de *Requiem* sans que la prose *Dies iræ* ne l'accompagne, et l'honoraire total n'excède point 40 francs : mais à la Pointe-à-Pître et dans toute la Grande-Terre, il faut ajouter aux 40 francs, honoraires de la messe, 20 francs en sus pour obtenir le chant du *Dies iræ* ; 20 francs encore si l'on doit entonner le *Libera* à la fin de la cérémonie funèbre. A la Basse-Terre je n'exigeais rien pour l'inhumation d'un esclave, on faisait entrer sa dépouille mortelle dans l'église, et on célébrait le même office que pour un enterrement rétribué : à la Pointe-à-Pître, si une gourde n'est pas donnée au curé, on se borne à la récitation des prières. Dans d'autres paroisses très-considérables, le corps de l'esclave ne pénètre point dans le lieu saint, le prêtre va le bénir sur les degrés du portail, puis les nègres l'emportent et le mettent en terre. A la Basse-Terre, malgré les réclamations que j'ai faites pour qu'il me fût permis d'accompagner les morts jusqu'à la tombe, sans aucun dédommagement pécuniaire, je me suis vu contraint de subir la coutume locale, et de les abandonner sur le seuil de l'église entre les mains des laïques qui les portaient au cimetière : à la Grande-Terre, le prêtre jouit de la liberté d'aller lui-même les déposer dans leur dernière demeure ; mais pour remplir ce pieux devoir il exige 100 francs qui lui sont attribués personnellement, en sus du tarif général de l'inhumation, et cela quelque minime que soit la distance de l'église au cimetière.

A la Basse-Terre comme ailleurs, un profond et large fossé sépare le cimetière des gens libres d'avec celui des esclaves, tandis que protestants et catholiques ne sont distingués par aucune ligne de démarcation. Dans les campagnes, chaque habitation importante a ordinairement son cimetière; mais le nègre, à moins d'une rare exception, n'y repose pas: son cimetière à lui est le plus souvent le bord du chemin où le foule le pied du passant, ou bien le champ même qu'il arrosa de ses sueurs, ou bien quelque trou de falaise encombré de ronces et d'épines.

Telle est l'incurie de l'autorité ecclésiastique, que j'ai fait mille recherches vaines pour m'assurer que le cimetière de ma paroisse avait été béni. N'ayant trouvé aucun indice de cette bénédiction prescrite par les lois canoniques, voyant d'ailleurs que le champ du repos avait été profané par l'usage d'y enterrer indistinctement les chrétiens décédés orthodoxes, et ceux qui meurent hors du sein de l'Église, j'ai demandé d'abord qu'une portion du cimetière fût, conformément aux ordonnances, réservée aux catholiques seuls; en second lieu, qu'il me fût permis de célébrer la cérémonie religieuse instituée pour la consécration d'un terrain profane ou, du moins, profané. Ma demande remonte à deux années; elle est restée infructueuse.

Le jour des morts, on voit par toute la catholicité le curé

sortir processionnellement de l'église et, l'aspersoir à la main, au milieu des fidèles, répandre les bénédictions et les prières sur les tombeaux. A la Guadeloupe, le missionnaire apostolique s'abstient de ce soin : il laisse à la multitude le soin d'honorer les morts comme elle l'entend ; et Dieu sait par quelles déplorables superstitions, par quelles orgies païennes, par quelles danses nocturnes, importées de la Guinée et conservées traditionnellement, l'ignorance des nègres remplace le ministère du prêtre sur la tombe où repose une dépouille chérie. Je suis parvenu à extirper de ma paroisse ces dernières racines du paganisme, et à épurer, sans l'éteindre, le zèle que mettaient ces pauvres gens à honorer la mémoire des défunts. Dans ce but, j'annonçai qu'au jour de l'octave de la fête des morts, je célèbrerais un service solennel pour le repos de l'âme des esclaves enterrés sans l'appareil de la religion sur les habitations de ma paroisse. Au jour dit, l'église de Saint-François eut peine à contenir la foule des nègres qui avaient profité, pour s'y rendre, de la faculté qu'ils ont d'employer le samedi à leur guise. Un office solennel fut chanté à la lueur de mille bougies apportées et offertes par les assistants. Une piété satisfaite brillait sur tous les visages. Je n'eus d'autre regret que de voir M. le préfet apostolique abandonner l'église au moment où j'entonnais l'hymne par lequel s'ouvre la cérémonie funèbre.

L'ordre a beaucoup à souffrir de l'incertitude où M. le préfet apostolique laisse les prêtres de la Mission, touchant les limites de leur juridiction respective. Conflits entre les curés des paroisses limitrophes; conflits entre le curé et ceux de ses vicaires qui sont nommés, en cette qualité, desservants d'un quartier annexé à la paroisse : dissidences d'autant plus fâcheuses qu'une question de casuel, sur laquelle fléchirait aisément un prêtre digne de son titre, s'y trouve souvent mêlée à une question de principes et de discipline. Il en résulte de l'aigreur entre confrères et un trouble inquiétant pour les âme dévotes, dont les unes veulent être à Céphas, les autres à Paul. Ce n'est point uniquement à la faiblesse de caractère chez le supérieur ecclésiastique, qu'il faut attribuer cette anarchie, mais aussi à la position douteuse, subordonnée, vacillante d'un préfet apostolique dans les colonies. Votre Excellence l'avait compris lorsqu'elle songeait à se concerter avec l'autorité épiscopale pour imprimer une direction plus régulière et plus ferme. Le chef de la Mission de la Guadeloupe sent aussi très-vivement quels ménagements lui conseille le soin de conserver une place qui manque par elle-même de consistance et de force. Lorsque mes prières incitaient son zèle à faire prévaloir les religieuses intentions de la métropole contre les préjugés de certains colons : « Voulez-vous donc, répondait-il, que je me mette à dos mes anciens amis? » Et dans une autre circonstance il me disait : « Un préfet apostolique est un animal amphibie, qui ne sait ni quand il doit paraître sur terre, ni quand il doit se cacher sous l'eau. »

Quoi d'étonnant qu'un curé habitué à cette absence de direction, après un nombre infini d'importunes consultations restées sans réponse ou esquivées par des paroles ambiguës, en présence d'abus criants qu'autorisent ou tolèrent ceux qui devraient les réprimer, finît par ne plus prendre conseil que de sa propre raison, et qu'il lui arrivât même d'obéir tardivement à une injonction licite? Une fois j'ai eu ce tort : en dissidence avec mon chef sur l'interprétation d'un acte administratif qui intéressait l'autorité curiale, j'ai hésité un instant à faire fléchir mon opinion devant la sienne, et à exécuter l'ordre qui m'était donné. Voici le fait. Le gouverneur aurait rendu un arrêt ainsi conçu :

« Considérant que la communauté dans laquelle doivent vivre le curé et le vicaire, occasionne au premier des dépenses dont il est juste de l'indemniser, sur la proposition du directeur de l'intérieur, le conseil privé entendu, avons arrêté et arrêtons ce qui suit : Art. 1er. Un supplément de traitement de 1000 fr. par an est alloué à chacun des prêtres employés comme vicaires dans les paroisses de la Guadeloupe et dépendances. — Art. 2. Sur cette somme de 1000 fr., 500 fr. seront ordonnancés au nom du curé, à titre de pension du vicaire placé près de lui. »

Peu de temps après cet arrêté, un second vicaire, M. l'abbé Lagrange, fut attaché à ma paroisse. Il se logea provisoirement à l'hôtel de la préfecture apostolique ; je n'y mis aucun obstacle, espérant que cette occasion pourrait déterminer la fabrique à agrandir le presbytère, afin qu'il fût mieux en état de recevoir un nouvel hôte. La fabrique ne jugea pas nécessaire de réaliser cette amélioration que m'avait fait espérer l'adjonction d'un second collaborateur. Je dus dès lors m'en tenir à la pensée qui avait dicté l'arrêté, et désirer, dans l'intérêt de la discipline, la communauté de vie entre le curé et ses vicaires, quitte à me gêner un peu dans un local à la rigueur suffisant pour trois personnes. M. Lagrange avait exercé ses fonctions dans ma paroisse pendant deux mois et demi environ, et déjà il venait d'être appelé à un autre poste, lorsque me fut délivré un mandat ordonnancé en mon nom, et dans lequel était comprise une somme de 142 fr. à titre de pension du vicaire. Au lieu de remettre cette somme en nature à M. Lagrange, je crus mieux faire en lui offrant quelque présent d'une valeur plus considérable. Il me semblait que les convenances s'accommoderaient mieux d'un souvenir offert à un confrère avec lequel mes relations avaient été sitôt interrompues, souvenir bien plus que suffisant d'ailleurs pour remplacer la modique somme à laquelle il pouvait se croire le droit de prétendre. Un autre motif plus grave me portait à agir ainsi. M. l'abbé Mulot, successeur de M. Lagrange, s'étant à son exemple installé chez M. le préfet, je craignis que mes vicaires ne voulussent se soustraire au principe de la communauté qui me paraissait consacré par l'arrêté du gouverneur; je craignis, si je remettais en nature à M. Lagrange la somme ordonnancée au nom du curé, que les vicaires ne s'armassent de ce précédent pour mener à leur gré la vie commune dans le presbytère, ou demeurer ailleurs en réclamant l'allocation. Pour concilier les convenances, l'équité et ce qui me paraissait être un principe assez important d'ordre hiérarchique, je chargeai un de mes amis, M. Boulard, vicaire à la Pointe-à-Pître où est concentré tout le commerce des objets de luxe, d'acheter une tabatière d'or que je me proposais de donner à M. Lagrange. J'attendais pour le surlendemain la réponse dont j'ai entre les mains l'original daté et timbré, quand une lettre de M. le préfet vint m'enjoindre de lui remettre les 142 francs. Piqué par le ton de cette missive qui semblait suspecter mon désintéressement, et dont les termes me paraissaient subordonner le principe de communauté à l'option facultative du vicaire, j'eus l'honneur d'écrire à M. le préfet pour le prier d'avoir un peu de patience, et d'être persuadé que je ne manquerais ni à une obligation, ni aux bons procédés. Dans la même lettre je lui posais cette question :

Le curé, en vertu de l'arrêté du gouverneur, est-il obligé de nourrir son vicaire, le vicaire est-il libre de manger, ou non, chez son curé ? Le soir du même jour M. le préfet me réitéra son ordre par écrit, en me déclarant que le curé était toujours tenu de fournir logement et pension au vicaire si celui-ci l'exigeait, mais que le vicaire était libre de prendre sa pension et son logement ailleurs quand il avait pour cela des motifs qui ne nuisaient en rien à l'édification. Immédiatement, j'envoyai à la préfecture, muni des 142 fr. et avec commission de les remettre aux mains de M. le préfet, celui de mes deux vicaires qui logeait avec moi, M. l'abbé Touboulic. Cet ecclésiastique qui avait connaissance de la lettre écrite par moi à M. l'abbé Boulard, qui avec moi attendait d'heure en heure l'objet de prix demandé pour être offert à M. Lagrange, et qui savait par conséquent combien j'étais loin dans cette circonstance d'obéir à un calcul d'argent, fut très-vivement choqué de quelques paroles par lesquelles M. le préfet insinua que mes hésitations avaient eu peut-être pour mobile un si misérable intérêt. N'écoutant que son indignation au lieu de se rappeler les ordres dont il s'était chargé, il laissa ma lettre à M. le préfet et lui montra l'argent en lui disant : « Puisque vous méconnaissez à ce point les intentions généreuses de M. le curé, je remporte la somme et je ne vous la rapporterai qu'en tenant dans l'autre main la preuve matérielle de son désintéressement. » Quand M. Touboulic m'apprit le résultat de sa visite, j'en fus excessivement peiné ; la soirée était trop avancée pour le renvoyer faire amende honorable ; mais le lendemain, dès le point du jour, il se représenta de ma part chez M. le préfet pour lui remettre la somme. M. le préfet ne voulut plus la recevoir ; je la fis aussitôt porter au bureau de charité. Deux heures après M. le préfet que j'entrevis dans la sacristie, au moment où je sortais pour porter le viatique à un mourant, me déclara « qu'il allait m'arriver quelque chose de fâcheux. » Ma course à peine terminée, je m'empressai de faire tenir les malheureux 142 fr. à M. Lagrange, en lui exprimant le regret qu'on ne m'eût pas laissé la satisfaction de lui faire une offre de mon choix. Trois heures plus tard on m'apporta une lettre de M. le préfet qui m'interdisait de mes fonctions jusqu'à ce que j'eusse remis la somme en question. Cet interdit se trouvait d'avance annulé par le fait accompli de l'envoi que M. le préfet ignorait encore ; aussi m'en releva-t-il formellement le lendemain, une fois informé par M. Lagrange de ce qui avait eu lieu. Tout cela s'était passé dans l'espace de trois jours. Au reste, M. le préfet sembla finir par acquiescer lui-même implicitement à l'interprétation que je donnais à l'arrêté ; car il crut nécessaire de s'adresser à M. le gouverneur pour obtenir une décision exceptionnelle qui autorisât M. l'abbé Mulot à toucher la somme annuelle de 500 fr., en donnant pour motif l'insuffisance du logement dans le presbytère de Saint-François.

Je résume en peu de mots une affaire qui offre quelque importance par l'interdit qui s'y rattache. J'ai payé deux fois la somme réclamée, et cela après avoir en outre envoyé une somme supérieure à M. Boulard pour l'achat du présent destiné à mon ancien vicaire. Tout en faisant si bon marché de la question pécuniaire, j'ai cru devoir réserver une question de discipline. La croyance à l'infaillibilité du supérieur ecclésiastique ne me paraissait pas obligatoire dans un cas où il s'agissait, avant tout, d'apprécier les termes d'un arrêté rendu par le pouvoir civil. J'étais confirmé dans le sens que j'attribuais à cet acte par l'avis d'un administrateur très-éclairé, M. de Vauclin, commissaire inspecteur colonial dont la signature légalisait les mandats. Je l'avais consulté en lui faisant connaître le sujet de ma dissidence avec M. le préfet, et il avait abondé dans mon sens. Toutefois, comme la satisfaction demandée par mon supérieur n'avait rien qui répugnât à la conscience, j'aurais dû la lui donner, je le confesse, sitôt et telle qu'il la voulait ; j'ai obéi trop tard d'un jour.

M. le Préfet aurait sans aucun doute mis en oubli un tort vraiment léger, qui ne provenait que d'un malentendu et qui se perd d'ailleurs dans un lointain de plus de quinze mois, si à toutes les importunités, à tous les froissements, à toutes les causes d'irritation déjà mentionnées, n'étaient venus se joindre deux sujets de malveillance plus intime, plus profonde, plus personnelle. Dans deux circonstances M. le préfet, par une erreur que je déplorai sans qu'il fût en mon pouvoir de la dissiper, s'imagina que j'avais ourdi des manœuvres pour le perdre ; il crut dès lors ne faire qu'user du droit de représailles en provoquant mon exclusion. Ayant eu connaissance de la lettre adressée par M. l'abbé Bourdet à M. Fourdinier, et dont j'ai parlé au commencement de ce Mémoire, il se persuada qu'elle avait été écrite sous ma dictée. Certes le vénérable abbé Bourdet n'avait suivi d'autre inspiration que celle de sa conscience. Quant à moi, mes actes, par cela même qu'ils étaient conformes aux prescriptions du devoir et aux règles de l'Église, avaient pû ne pas concorder avec la conduite tenue ou tolérée par d'autres ; mais cette critique indirecte et inévitable était la seule que je me fusse permise. Aussi éprouvai-je un pénible étonnement lorsque je me vis, dans une seconde occasion, accusé par M. le préfet d'avoir appelé sur lui jusqu'aux censures de la presse et de l'opinion publique. Ce reproche se rattachait à une matière qui est souvent en France une occasion de murmures inconsidérés, et qui, à la Guadeloupe, participait réellement à l'arbitraire et au désordre général de l'administration ecclésiastique : je veux parler de la concession des dispenses. A la Guadeloupe, en effet, cette concession n'a d'autre règle que la volonté du chef de la Mission. Il les accorde gratuitement ou moyennant une componende pécuniaire, non selon que le pétitionnaire est riche ou pauvre, mais selon qu'il est plus ou moins lié avec lui. Que de fois ne m'a-t-il pas dit : « Vous ne demanderez rien à celui-ci, vous réclamerez telle somme de celui-là, » bien qu'il s'agît de deux personnes de même condition, de même fortune, réclamant la même dispense. Il crée, j'ignore en vertu de quel droit, des dispenses complétement inconnues en France. Sait-on ici ce que c'est qu'une *dispense de domicile?* Lorsque deux fiancés demandent que leur mariage soit béni à la maison et non à l'église, M. le préfet leur accorde cette faveur moyennant 60 francs, et le curé va célébrer le mariage sur l'habitation où le députe cette dispense de domicile. Un Journal du Havre, en relatant les sommes exigées par M. le préfet apostolique de la Guadeloupe pour chaque espèce de dispense, accompagnait le tarif de commentaires peu flatteurs, et il critiquait avec une véhémence particulière une contribution de 1100 francs par tête, imposée à deux colons de la paroisse Sainte-Anne, MM. Douville frères, qui demandaient à épouser les deux sœurs dont ils étaient les oncles. Ce numéro de journal, dont j'ignorais la publication, étant parvenu à M. le Préfet, celui-ci, un jour que nous nous rencontrâmes chez M. Farinol, conseiller à la Cour, m'accusa en termes très-amers d'avoir été complice de la rédaction. L'énergie de mes dénégations fut appuyée par l'honorable témoin de notre entretien, qui dit à M. le préfet que ses soupçons, au lieu de s'égarer sur des innocents, devaient plutôt se porter sur une autre personne à laquelle il ne songeait pas. Le trait est cependant resté dans le cœur de M. le préfet, la blessure a continué de saigner, et des paroles lui sont plus tard échappées qui montraient combien l'aigreur de ses injustes défiances étaient persistante et envenimée.

Chez M. le gouverneur aussi existait peut-être un mécontentement contre moi tenant à un motif personnel. Dans l'orageuse audience où j'essuyai toutes les *bordées* d'un courroux qui se déchargeait une fois pour toutes avec une énergie maritime, ces mots résonnèrent à mes oreilles : « Entendez-le bien, *je suis matelot et je sabre !* » Cette péroraison résumant l'allocution administrative adressée au pauvre curé qui était venu offrir ses souhaits très-respectueux de bonne année, m'avait frappé par son caractère pittoresque, et je ne résistai pas assez au désir de la redire à quelques amis : d'écho en écho, et assurément sans mon autorisation, elle parvint jusqu'en France. J'ai lieu de croire, sans pourtant me permettre ici une affirmation positive, que M. le gouverneur a été informé de ma pardonnable indiscrétion et qu'il en a été piqué.

Il est une troisième personne avec laquelle je me suis trouvé en contact à l'occasion des affaires de fabrique, et chez qui j'ai eu le malheur d'éveiller un sentiment de rancune d'autant plus dangereux que, n'ayant pas de gendarmes à son service et ne pouvant agir d'autorité, il était réduit à se satisfaire par des machinations occultes.

L'administration des fabriques est entachée d'un double vice dans les colonies. En premier lieu, les statuts relatifs à la fourniture du mobilier des églises et des presbytères ont été portés à une époque où chaque paroisse ne comptait qu'un seul prêtre ; ils se trouvent donc en désaccord avec l'état actuel des choses : dans les paroisses qui occupent deux ou trois ecclésiastiques, le matériel est nécessairement insuffisant, et les droits du vicaire à l'usage des objets qui le composent n'étant prévus ni déterminés par aucun règlement, de fâcheuses discussions pourraient surgir si elles n'étaient prévenues par le caractère personnel du curé et de ses collaborateurs. En second lieu, le supérieur ecclésiastique demeure absolument étranger aux affaires de la fabrique ; il n'a aucune part aux délibérations du conseil, aucun droit de vérifier ses comptes, de contrôler ses décisions. Le curé n'est pas exclu du conseil ; mais son vote isolé, ses représentations que n'appuie aucune influence supérieure, ont bien peu de poids dans la balance. Il voit commettre, sans pouvoir y mettre obstacle, des infractions quotidiennes aux convenances religieuses ou même aux prescriptions canoniques. Un de mes prédécesseurs refusa, un jour, de livrer le tapis du sanctuaire au marguillier alors en exercice, qui le lui demandait pour l'employer à un usage profane : le marguillier fit enlever l'objet qu'on refusait de lui remettre : de là contestation portée devant le conseil de fabrique. Il donna gain de cause au marguillier, en se fondant sur ce que le temporel est en dehors de l'autorité curiale ; et sa délibération approuvée par le directeur de l'intérieur est inscrite sur les registres de la paroisse de Saint-François comme un avertissement aux curés futurs. Il m'est arrivé à moi-même, durant le carnaval, d'être invité par M. le marguillier Rullier à lui confier des brillants déposés dans la sacristie, et qui servaient à décorer l'exposition du Saint-Sacrement le jour de la Fête-Dieu : il désirait les prêter à un de ses amis qui en avait besoin pour une parure. M. le préfet se trouvant à ce moment dans la sacristie, je lui fis part de la demande qui m'était adressée, en l'avertissant que très-vraisemblablement les brillants étaient destinés à figurer le lendemain dans un bal travesti : « Puis-« qu'il les veut, me dit M. le préfet, mettez-les lui sur la con-« science. » C'est ce que je fus contraint de faire, me réservant de ne plus jamais employer à un usage religieux ces objets profanés.

On sait avec quel soin, dans les diocèses de France, l'archidiacre veille au mobilier sacré, avec quelle inflexibilité il en retranche tout ce qui lui paraît usé ; quelles lésions légères il lui suffit d'apercevoir dans certains objets, pour les déclarer incapables de servir ; comme il tient scrupuleusement à ce que le linge de chœur et d'autel soit en chanvre ou en lin, à la décoration intérieure des coupes eucharistiques, à l'intégralité des vêtements sacerdotaux. A la Guadeloupe, aucun examen, aucune inspection relative à ce genre d'observances ; aussi reçoivent-elles d'innombrables atteintes.

J'ai lutté autant qu'il a été en moi, j'ai lutté avec une constance opiniâtre contre des abus dont les membres laïques du conseil pouvaient difficilement apprécier la gravité. Quel a été le résultat de mes efforts? de me faire rappeler durement par l'autorité supérieure à laquelle je présentais mes doléances, que *le rôle du prêtre est un rôle d'abnégation et de silence*, et d'irriter le marguillier, M. Rullier, que je rencontrais comme adversaire direct dans toutes ces affaires. Aux colonies, en effet, le personnage complexe qu'on appelle marguillier, est tout à la fois trésorier, secrétaire-administrateur de la fabrique, chargé de pourvoir au mobilier de l'église et du presbytère, déterminant l'heure des inhumations, donnant ses ordres pour mettre les cloches funèbres en branle, et autorisé jusqu'à un certain point à se croire plus maître que le curé lui-même dans le lieu saint; car, à l'occasion de la difficulté que je rappelais il y a un instant, et qui se passa sous mon prédécesseur, celui-ci ayant envoyé porter les clefs de l'église chez le marguillier, puisqu'on lui déniait tout pouvoir sur le matériel du culte, le conseil les lui fit remettre; mais par pure convenance, est-il dit dans le procès-verbal, non par droit strict. M. le marguillier Rullier portait encore plus loin le sentiment de son importance et de ses priviléges; il semblait se considérer comme participant à la propriété curiale. Des chevaux à lui appartenant (qu'on me pardonne ces vulgaires détails, souvent les petits froissements commencent les grandes rancunes) trouvaient un supplément de ration dans des coupes que son domestique venait faire sur l'herbage du presbytère. J'avais eu l'obligeance de tolérer cet impôt en nature, dont ne souffrait point, dans les saisons abondantes, le cheval fourni par la fabrique au curé. Mais vint l'époque de l'année où, pendant qu'on laisse reprendre force et verdeur à l'herbe sèche et courte, c'est le marché aux fourrages qui alimente le ratelier. M. Rullier trouva plus commode d'envoyer encore son valet tondre mon pré jusqu'au vif. Je priai le menaçant porte-faux d'accorder au pauvre malade un répit de quelques semaines. Sur-le-champ, M. Rullier, blessé, fait retirer ses chevaux de l'écurie du presbytère, où il les tenait installés. Depuis lors, le maître lui-même n'a plus remis les pieds chez le curé, qui, malgré deux invitations adressées en un seul jour, n'a pu obtenir de le revoir à sa table.

Tout souffrit, dans ma demeure, de la brouille amenée par un si chétif grief. La promesse qu'avait faite M. le marguillier de compléter le mobilier curial dont tous les objets, spécifiés et tarifés dans un arrêté du gouverneur, doivent s'élever ensemble à une valeur approximative de 4,000 francs, j'en réclamai vainement l'exécution. Et certes, ce n'était pas un superflu luxueux que je demandais. Le curé de la ville chef-lieu, le vicaire qui logeait avec lui, les ecclesiastiques de passage, auxquels les convenances lui prescrivaient de donner l'hospitalité, avaient à se partager trois couteaux de table, trois paires de draps, une seule couverture de lit. Pour luminaire, un chandelier invalide et auquel je n'ai jamais connu de compagnon : en guise de batterie de cuisine, *quelques vieilles terrailles* (je reproduis les mots textuels de l'inventaire) cumulant, à leur grand embarras, les fonctions de rotissoire, de casserole et de pot au feu. Les toitures du presbytère et de ses dépendances s'en venaient en ruine. Pour tout dire en un mot, la pénurie et le délabrement avaient été portés à un tel excès sous l'administration de M. Rullier, qu'après son remplacement par M. Louis Pedemonte, le mobilier curial fut renouvelé ou, pour mieux dire, fourni presque intégralement, et l'on entreprit au presbytère pour 3,500 fr. de réparations urgentes.

Pour les besoins de l'église où officiaient trois prêtres en exercice, M. le préfet apostolique et provisoirement tous les ecclésiastiques envoyés de France à la Guadeloupe, on comptait un surplis unique, pas une aube décente pour les solennités, des corporaux la plupart hors de service, pas une soutane pour les chantres et le sacristain. Pourtant, comme il fallait, dans les convois classés, un certain nombre de ministres auxiliaires présentant un aspect tant soit peu clérical, le porte-croix se drapait dans une magnifique robe rouge ayant appartenu à un ex-président de la Cour royale ; les autres suspendaient à leur ceinture un lambeau d'étoffe noire en forme de jupon ; tous portaient par-dessus cette défroque un grossier rochet en coton pendillant de vétusté et lézardé de déchirures. Les vêtements de chœur, qui étaient ma propriété personnelle, et que je me faisais un devoir de mettre à la disposition de mes confrères, auraient fini par grossir, jusqu'au dernier, cet assemblage de vieilleries. Je n'épargnai ni réclamations, ni instances pour faire cesser un état de choses qui était vraiment un outrage à la décence du culte. D'une autre part, j'entendais continuellement les officiers du bas clergé se plaindre des retards apportés au payement des honoraires que leur allouait le tarif. Sachant que la fabrique était créancière d'une quinzaine de mille francs, et qu'elle attendait encore le payement d'inhumations de première classe remontant à plusieurs années, je demandai avec énergie qu'elle opérât des recouvrements pour subvenir aux divers genres de dépenses que les arrêtés mettent à sa charge. Mes plaintes fatiguaient M. Rullier, et ajoutaient à son aigreur contre moi. M. Rullier était notaire ; il avait une clientèle à ménager et à grossir ; cet intérêt empêchait les poursuites du marguillier contre les débiteurs retardataires de la fabrique. Enfin, ne pouvant émettre de vote raisonnable sur les affaires qui faisaient l'objet des délibérations du conseil sans avoir acquis une connaissance exacte de la situation financière ; me proposant aussi de soumettre à M. le gouverneur un plan d'amélioration qui exigeait une lecture attentive de tous les documents relatifs à la matière (V. *N. et P. just.*, VIII), je demandai communication des livres et registres dont le marguillier était dépositaire. Malgré mes visites réitérées à M. le marguillier, malgré l'autorisation d'abord accordée, non pas sans difficulté, par M. le maire président de la fabrique, je ne pus obtenir les moyens de me livrer à l'examen détaillé qui m'était nécessaire, entravé que je fus par la répugnance visible de M. Rullier. Mes recherches, qui n'avaient pour but que le bien général, lui parurent guidées par une défiance injurieuse; il crut sa probité atteinte par le soupçon, et il se récria vivement contre ce qu'il appelait une inquisition tyrannique. On comprend quelle profonde et vivace animosité se développa sous l'action incessante de ces causes réunies. La suite du récit fera voir comment le marguillier fit expier au curé une discorde qui semble, après tout, devoir être imputée au caractère personnel de M. Rullier; car, après qu'il eut cessé ses fonctions, mes relations devinrent faciles et pleines de bienveillance réciproque avec son successeur M. Louis Pedemonte, comme avec tous les autres membres du conseil.

Mentionnerai-je un dernier personnage d'un ordre beaucoup plus humble, parfaitement connu cependant de quiconque désire se ménager un accueil favorable à l'hôtel de la préfecture apostolique? Je regrette d'être amené par les nécessités de ma cause à des observations qui semblent indignes de la gravité du caractère sacerdotal; mais dans une affaire où les rapports mensongers, les propos à huis clos, les misérables commérages de petite ville ont joué un très-grand rôle, ne m'est-il pas permis de poser un instant le pied dans ces infimes régions au-dessus desquelles on ne plane pas toujours impunément? Donc, le pauvre curé de Saint-François avait eu le tort impardonnable de ne pas cultiver les bonnes grâces de dame Jojotte, vieille domestique et femme de confiance de M. le préfet, personne infiniment respectable, si le respect se mesurait uniquement au nombre des années : il avait commis la témérité de ne pas rendre hommage à son importance ; de ne pas lui laisser au presbytère de Saint-François le petit logement où, sous mes prédécesseurs, elle venait de temps en temps s'installer pour tenir les rênes de l'administration domestique. Intimement liée avec quelques unes des directrices qui avaient vu leurs prétendues maisons de retraite désertées par mes conseils, elle épousa aussi leur animadversion contre moi. Un fait suffira à montrer jusqu'à quel point elle possédait la confiance de son maître, et combien, par conséquent, sa parole pouvait avoir d'autorité contre moi. Alors que les personnes les plus honorables ignoraient encore la mesure dont j'allais être victime, et que moi-même je n'en avais pas reçu notification, la primeur de la nouvelle avait été réservée à dame Jojotte, qui la colportait par la ville et laissait éclater, avec le juste sentiment de sa prépondérance, toute l'allégresse d'un triomphe personnel.

Hauts et bas personnages, grandes et petites choses, conspiraient donc à l'envi contre moi. Un triple grief dominait cependant tous les autres et leur donnait la consistance dont ils manquaient par eux-mêmes, savoir : mon zèle pour la moralisation et l'instruction des esclaves, zèle qualifié de mauvais vouloir contre l'ordre établi ; la non-conformité de mes actes aux abus ecclésiastiques qui semblaient consacrés par l'usage, et mes réclamations transformées en délit d'insubordination ; l'influence que m'avaient acquise mes œuvres, impatiemment soufferte comme un contraste douloureux pour l'amour-propre de ceux qui se condamnaient volontairement à une prudente inertie. Tous ces griefs concentrés dans le mot d'insubordination, il convenait à la malveillance de les assaisonner par une imputation d'une nature plus flétrissante. Elle ne s'en est pas fait faute....

Faits usuraires, telle est la seconde imputation érigée contre moi dans la dépêche du gouverneur, sans mentionner aucun acte qui lui serve de base, sans indiquer, comme le voulaient impérieusement la justice et la bonne foi, des faits qui pussent être saisis et discutés par l'accusé! Lorsque ce mot outrageux fut prononcé devant moi dans l'audience que m'accorda M. le directeur des colonies, il me fit monter au front le rouge de l'indignation, mais non de la honte : la honte doit être renvoyée aux calomniateurs, la faute à eux qui ont accueilli la calomnie, refusé obstinément les moyens de la confondre sur place, et étouffé jusqu'à la fin, autant qu'il était en eux, la voix de la vérité!

Sous le coup de l'étonnement douloureux où me jetait une incrimination aussi inattendue, j'ai scruté longtemps mes souvenirs : je leur ai demandé quel prétexte mes actes avaient pu fournir à mes ennemis pour me prêter une turpitude contre laquelle protestent ma vie tout entière, l'estime publique, la confiance et l'affection spéciales dont m'honoraient les plus pauvres de mon troupeau. J'ai beau chercher, M. le ministre, mes cinq années de séjour à la Guadeloupe ne présentent qu'un seul cas où la malveillance ait osé insinuer contre moi une accusation relative à une affaire d'argent; accusation connue de plusieurs personnes honorables qui en firent bonne justice par leur mépris contre son auteur, et m'exhortèrent à la dédaigner comme les autres pierres de scandale en vain semées sur mes pas, puisque le silence de mes chefs condamnait implicitement le dénonciateur. Voici cette affaire, où, par le rapprochement des mots *prêtre, faillite, prêt sur gage*, une voix hostile est parvenue à faire accepter de l'autorité locale un moyen de noircir l'homme qui avait eu le malheur de contrarier ses vues et d'encourir sa disgrâce.

Au commencement de l'année 1841, un commerçant de la Basse-Terre, nommé Saint-Fi Blanchet, me fut recommandé par M. Toboulic, mon vicaire, comme ayant besoin d'un millier de francs qui lui manquaient pour le moment. Il s'adressait à mon obligeance pour cet emprunt. Je lui prêtai, à titre de pur service, douze doublons qu'il me promettait de me restituer au bout de huit jours. Les huit jours étaient écoulés et la restitution n'avait pas eu lieu, lorsque, me trouvant chez des voisins de mon débiteur, j'entendis raconter que ses affaires allaient mal; on parlait de faillite. Je n'étais pas assez riche pour sacrifier sans réclamations une somme de plus de 1,000 francs, prêtée à quelqu'un qui ne me tenait par aucun lien de parenté, ni d'amitié intime. J'allai donc chez M. Payen, avoué de M. Saint-Fi : l'avoué me demanda si je désirais que ma créance figurât dans le bilan. Je répondis que j'ignorais ce que c'était qu'un bilan; que d'ailleurs les convenances murmureraient peut-être contre cette participation d'un curé à un conflit d'intérêts commerciaux, tandis qu'il s'agissait uniquement d'une dette de confiance. De là je me rendis chez un autre officier ministériel, M. Bullier, notaire, que la nature de ses fonctions et les rapports affectueux qui existaient alors entre nous, me désignaient naturellement pour conseiller dans une affaire où il s'agissait d'équité. Nous allâmes ensemble chez M. Saint-Fi, qui affirmait que je n'avais rien à craindre, son actif pouvant équilibrer ses dettes, et il me remit immédiatement un à-compte de cinq doublons. M. Rullier insista pour que la restitution du reste fût garantie par un nantissement. Quelques couverts d'argent et une ancienne montre en or furent offerts comme gage par M. Saint-Fi. Je ne voulus point les recevoir moi-même, obéissant à un vague instinct plutôt qu'à un sentiment réfléchi de délicatesse; car je ne voyais rien que de très-licite dans la précaution réclamée par M. Rullier, et sa connaissance des lois ne me permettait pas de soupçonner que nous fissions rien d'illégal. Les objets, mis sous enveloppe, ne passèrent donc même pas par mes mains, ils furent portés par M. Saint-Fi et laissés en dépôt chez le notaire. Un an après environ, autant que je puis me le rappeler, M. Saint-Fi m'apporta spontanément un nouvel à-compte de trois doublons, me disant que sous peu il achèverait de s'acquitter, et me réitérant l'expression de sa reconnaissance pour le service que je lui avais rendu.

Dans l'intervalle M. Rullier, toujours dépositaire du gage auquel je ne songeais même plus, avait eu avec moi, en sa qualité de marguillier, ces irritantes discussions au sujet des affaires de fabrique; il était devenu mon ennemi déclaré, et ses assiduités quasi-quotidiennes près de M. le préfet apostolique n'avaient fait que nourrir une hostilité qu'il voyait bien ne pas déplaire.

Or, peu de jours après que M. Saint-Fi était venu m'apporter le nouvel à-compte de trois doublons, c'est-à-dire un an après le dépôt reçu par M. Rullier, je fus averti par une personne de ma connaissance, employée dans les bureaux du gouvernement, que le marguillier-notaire était venu me dénoncer comme prêteur sur gage. Aurais-je, sans le savoir, violé quelque article de loi? Aurais-je donné dans un piége tendu à mon ignorance? Voilà ce que je me demandai tout d'abord, et j'allai consulter un avocat distingué de la Basse-Terre, M. Ch. Le Dentu, beau-frère de l'avoué de M. Saint-Fi. L'affaire entendue dans les moindres détails, il me rassura pleinement, et me dit que le dépôt confié aux mains d'un tiers notaire, n'offensait pas plus la loi que la morale. Je crus cependant convenable de faire une visite à M. le gouverneur; je lui dis les faits, et je le prévins qu'on m'avait informé d'une dénonciation contre moi, apportée dans les bureaux par M. Rullier. « Je crois, en effet, me répondit M. le gouverneur, que M. Rullier est venu pour quelque chose comme cela. Ce serait cependant bien extraordinaire qu'il se fît votre accusateur, puisque c'est lui-même qui est intervenu dans l'affaire comme conseiller et dépositaire. » L'annonce d'un visiteur nouveau me fit prendre congé de M. le gouverneur, qui, durant le cours de dix-huit mois écoulés entre cet incident et mon départ, ne m'a jamais, non plus que M. le préfet apostolique, dit un seul mot tendant à me faire croire qu'ils en eussent conservé la moindre impression fâcheuse. Ne voulant point, au reste, que le marguillier-notaire eût plus long-temps entre les mains le gage d'une confiance si mal placée, je délivrai à M. Saint-Fi quelques lignes qui l'autorisèrent à reprendre les objets qui étaient sa propriété. M. Saint-Fi me témoigna toute la peine qu'il éprouvait du résultat auquel m'avait exposé mon obligeance. Il sait que penser de l'inculpation clandestinement dirigée contre moi; car lorsqu'il est venu m'offrir, une fois rétabli dans ses affaires, des intérêts non stipulés, mais qui lui semblaient dus à raison de son long retard à s'acquitter, je n'ai pas voulu les accepter ; je l'ai même tenu quitte de 300 francs sur le capital.

Tel est, Monsieur le Ministre, le grand crime à l'occasion duquel M. le marguillier, dans l'exaspération de sa colère contre le curé, disait, m'a-t-on rapporté, qu'*il avait de quoi me conduire aux galères.* J'en serais encore à chercher comment ma conduite en cette occurrence a pu fournir prétexte à une incrimination vraiment sérieuse, si un jurisconsulte, à qui j'ai une seconde fois raconté l'affaire, ne m'avait mis sous les yeux divers articles du Code de commerce punissant les soustractions ou les fraudes commises, en cas de faillite, par un des créanciers au détriment des autres. Je n'ai pas besoin de dire qu'il a ajouté que l'*espèce,* pour employer son langage, ne présente ni fraude, ni soustraction ; l'intention frauduleuse étant manifestement inconciliable avec ma visite et ma franchise de langage chez l'avoué, et le dépôt chez un notaire n'offrant rien de semblable à une soustraction. Tout ce qui aurait pu, m'a-t-il expliqué, m'arriver de fâcheux, c'eût été d'être contraint de réintégrer immédiatement dans l'actif les objets engagés et l'à-compte reçu, si les autres créanciers l'avaient exigé. Mais lors même que la droiture de mes intentions et la simplicité de ma conduite, dans cette affaire, ne m'absoudraient pas complétement du reproche d'avoir agi autrement que le prescrivent, pour le cas de faillite d'un débiteur, des lois commerciales qui m'étaient inconnues ; quel rapport y a-t-il entre ce fait et l'odieux délit d'usure ?

Étrange position d'un accusé qui se voit réduit à chercher lui-même, sinon un motif, du moins un prétexte à l'accusation, que l'on veut tuer moralement à l'aide d'un mot ; auquel on a refusé de rien dire sur les lieux où il aurait forfait, et qui, maintenant, outre l'embarras de saisir un fantôme, de réfuter une ombre, s'entend objecter que l'on ne peut apprécier ici la conduite tenue à dix-huit cents lieues de distance !

Au demeurant, Monsieur le Ministre, voici un argument sans réplique. J'admettrais peut-être l'impossibilité d'une appréciation exacte de ma conduite, si l'on me reprochait une de ces infractions aux lois de la morale, que le monde appelle faiblesse et que la loi humaine se refuse à poursuivre dans le mystère de la vie intime : mais, soit que l'œil scrutateur de la malveillance n'ait pas entrevu le plus léger indice qui pût se prêter à ce genre d'imputations ; soit qu'aveuglée par cette Providence qui confond le méchant dans ses trames, la calomnie ait maladroitement choisi son terrain ; un moyen est laissé, et ce moyen je vous l'offre, j'en réclame l'emploi, de faire éclater la vérité. L'usure est un délit prévu, puni par la loi : les tribunaux devraient être et seraient sans pitié pour le misérable qui aurait dégradé le caractère de prêtre jusqu'à un honteux et criminel trafic d'argent. Eh bien ! une dernière fois je proteste contre l'injurieuse discrétion, contre le silence perfide par lequel on prétendrait couvrir la dignité sacerdotale, en ne signalant aucun fait ; en rendant la contradiction impossible, en ballottant de vagues accusations des Antilles à la France et de la France aux Antilles ! Je mets l'accusation au défi de quitter le cercle vicieux où je cherche vainement à la saisir, de sortir des cartons bureaucratiques pour se produire au plein jour de l'audience, là où l'accusé trouve devant soi son accusateur, et au-dessus de tous deux des juges indépendants !

Cet usurier, M. le Ministre, les hommes de labeur au milieu desquels il a vécu pendant tout le cours de son ministère à la Guadeloupe, l'appellent, vous l'avez l'entendu, *l'ami du pauvre!* Cet usurier, quand les approches de la première communion intimidaient l'enfance indigente, honteuse de sa nudité ou de ses haillons, parcourait les classes des Frères, prenait la liste des enfants qui manquaient de vêtements convenables, et les habillait à ses frais. Le jour de la première communion venu, cet usurier, renonçant à un gain légitimé par un usage général, restituait aux mains qui les lui offraient les cierges des communiants : acte de désintéressement fort simple, mais qui ne laissait pas d'amoindrir son casuel de mille francs au moins chaque année. Cet usurier avançait avec une louable imprudence la somme nécessaire à l'établissement d'une *bibliothèque catholique*, par lui fondée pour le bien commun, et il comblait à la fin le déficit des souscriptions. Cet usurier sollicitait de M. le préfet la permission d'escorter gratuitement la dépouille mortelle de ses paroissiens jusqu'à un cimetière très-éloigné, tandis que, dans une autre partie de la Guadeloupe, le curé exige 100 fr. pour franchir le seuil de l'église. Cet usurier, chaque fois qu'à la suite d'une grand'messe chantée dans la chapelle des Frères, ceux-ci lui ont offert les 40 fr. déterminés par le tarif, leur a dit : Gardez cela pour orner votre pauvre église. Cet usurier voulait acheter à ses frais un lieu convenable pour y installer des Sœurs de charité et réorganiser le bureau de bienfaisance; dans ce but, il faisait expertiser une propriété appartenant à la veuve Bazin, et quand fut mise en adjudication la maison qui maintenant sert d'hôtel-de-ville, il donnait mandat à M. Puech d'enchérir en son nom jusqu'à concurrence de 15,000 fr., toujours dans la même pensée de pieuse générosité, que connaissaient parfaitement plusieurs amis et notamment l'honorable M. Pariset. (V. *N. et P. just.*, XI.)

Que dire enfin et que taire? Mon accusateur lui-même, M. Rullier, a-t-il si complétement abdiqué d'anciens souvenirs devant une haine récente, qu'il ait oublié mon empressement à lui prêter 1,000 fr. dont il avait besoin pour achever de payer sa charge, et mon refus d'accepter un denier d'intérêts, lorsqu'il vint au bout d'un an me restituer la somme.

Je m'arrête : il ne faut pas abuser du privilége qui appartient à l'honnête homme calomnié, de faire parler sa vie et d'opposer des faits positifs à des propos mensongers ou erronés jusqu'à la démence! Et puis un curé a plus que tout autre occasion et devoir de rendre à des infortunes non soupçonnées, des services qui doivent demeurer ensevelis dans un profond secret jusqu'au grand jour où seront révélés les cœurs et les œuvres de tous les hommes....

Je demande pardon une seconde fois à Monsieur le Ministre et aux personnes qui pourraient lire ce Mémoire, si le langage auquel me réduisent les nécessités de la défense, paraît choquer toutes les règles de la modestie chrétienne. Le peu de bien que j'ai pu faire n'a été, je le sais, qu'une réalisation très-imparfaite de la charité qui est le premier devoir imposé au prêtre de Jésus-Christ, et j'ai honte d'avoir été conduit par le besoin de repousser la calomnie, à exalter une conduite où l'œil de Dieu découvre tant de misères.

Comment donc mes ennemis se sont-ils persuadés qu'une imputation aussi dénuée de fondement pourrait cependant trouver crédit chez quelques personnes, et que l'*ami du pauvre* deviendrait, à leurs yeux, l'esclave d'une cupidité sordide? Faut-il m'en prendre à mon genre de vie fort retiré, fort modeste et partant fort économique? Dois-je accuser ma répugnance à jeter les doublons sur les tables de jeu? Aurait-on critiqué la frugalité de ma table, presque suffisamment alimentée par les tributs spontanés que l'affection des noirs, comme des gens de couleur, se plaît à accumuler dans la cuisine du *père* (*N. et P. just.*, XII), et où se sont rarement assis d'autres convives que mes vicaires, quelquefois M. le préfet apostolique, ou bien des confrères du dehors séjournant accidentellement à la Basse-Terre. Ces habitudes, j'en conviens, contrastaient avec celles que croient pouvoir suivre quelques membres du clergé colonial. Car, je le dis avec un regret profond, quelques-uns cèdent à des influences et à des exemples que semblerait devoir repousser la sévérité prescrite aux mœurs sacerdotales. La magnificence de l'hospitalité coloniale, le goût très-vif des créoles pour les chances du jeu, le luxe homérique des festins ont trouvé malheureusement dans les rangs du clergé plus d'un imitateur qui rivalise avec les planteurs opulents. Je pourrais citer ici, comme le tenant de bonne source, le chiffre énorme auquel s'est élevée la dépense de tel curé dans un seul dîner et dans une seule soirée. Un de Messieurs les directeurs du séminaire du Saint-Esprit n'ignore pas qu'un prêtre, honoré par M. le préfet d'une affection toute fraternelle et de la plus étroite intimité, a abrégé ses jours par les excès de son intempérance. Je conçois que les quelques personnes livrées à ce régime, ou du moins familiarisées avec ce spectacle, pouvaient trouver singulière et parcimonieuse l'hygiène de l'ex-professeur de théologie qui, pour le plus grand bien de son âme, de sa santé et de sa bourse, continuait d'observer avec légers tempéraments les règlements somptuaires du diocèse où il avait reçu les saints ordres. Qui sait? dans une de ces réunions où le monde et l'Église se disputaient la palme de la chanson joyeuse et du talent bachique, quelques traits malins n'auraient-ils pas été décochés contre cet harpagon tonsuré qui vivotait chichement et à l'écart?

Je n'ai que trop longtemps insisté sur une accusation où le ridicule le dispute à l'odieux. Peut-être, après tout, est-ce un bien que l'autorité coloniale, qui jamais ne m'avait adressé un seul reproche, un seul avertissement, un seul mot relatif à d'autres torts que ma prétendue insubordination, ait accueilli à la fin une calomnie clandestine, d'un genre plus piquant, et l'ait expédiée en France pour donner le coup de merci au prêtre que ses foudres avaient renversé du siége pastoral; car, aiguillonné par le besoin de défendre mon honneur personnel, j'ai fait entendre des réclamations qui serviront, j'ose l'espérer, la cause de la religion et du bien public.

Prendre au sérieux les ordonnances ministérielles qui prescrivaient une œuvre approuvée par la charité, commandée par l'Évangile ; m'efforcer, tout en prêchant la soumission à l'ordre établi, de restaurer la dignité humaine chez l'esclave, et de le préparer ainsi au périlleux bienfait d'une émancipation espérée ; contrarier des passions coupables en leur dérobant des victimes que la coutume prédestinait à leurs caprices ; froisser des préjugés antichrétiens ; dire la vérité quand on voulait qu'elle se tût, et combattre les abus ecclésiastiques comme les désordres sociaux : voilà quels ont été mes crimes. A mon arrivée dans la colonie, M. le directeur de l'intérieur, m'avertissant du danger auquel un missionnaire s'expose en acquérant trop d'influence sur les gens de couleur et sur les noirs, me disait : « Heureusement pour l'administration, nous avons de temps en temps dans les Antilles de grands coups de vent qui déracinent et renversent les arbres les mieux plantés. » M. le directeur douterait que ces coups de vent soient un bon moyen de consolider l'ordre, s'il eût entendu les paroles de colère et de désespoir qu'il me fallut comprimer, au moment de mon départ. « Que nous restera-t-il donc, si, après nous avoir leurrés de promesses trompeuses, on va jusqu'à nous enlever les prêtres qui nous aiment ! » — Si la volonté du gouvernement est de perpétuer l'esclavage sans adoucissement, sans espérance, mieux eût valu montrer une docilité absolue aux conseils de certains colons, et laisser le noir dans l'inviolabilité de son abrutissement. Dans l'état actuel des choses, il sait assez de Christianisme pour mesurer la profondeur de l'abîme qui le sépare des classes libres, et désirer de le voir comblé ; il n'est pas assez chrétien pour bien comprendre que l'accomplissement de ses devoirs est indépendant de la conduite que peuvent tenir les maîtres. Les demi-mesures, les jalousies contre toute influence active, les oscillations entre le désir de complaire aux préjugés locaux et le besoin de donner une satisfaction apparente aux ordres de la métropole, décréditent l'administration, sèment la défiance, éternisent le malaise. Elles placent aussi dans un cruel embarras les prêtres de la Mission qui demandent vainement exemple, direction, appui à leur chef. Ne doit-on pas craindre que les meilleurs chancellent dans l'accomplissement de leur devoir, et condamnent leur zèle à l'inaction, si la persécution et la calomnie sont le seul prix réservé aux travaux de la charité évangélique ?

Votre Excellence daignera peser ces graves considérations. Elle décidera si une injustice, qui blesse tant d'intérêts sacrés en frappant une victime, doit rester sans réparation. M. le directeur des colonies m'a représenté la difficulté de revenir sur une décision prise par un gouverneur : ce n'est pas à moi qu'il appartient d'indiquer la marche à suivre ; ce que je sais, c'est qu'aux termes de l'ordonnance, art. 81-84, le gouverneur, en destituant un fonctionnaire nommé par le Roi, engage sa responsabilité ; c'est que l'ordre d'aller rendre compte de ma conduite à M. le Ministre de la marine, supposait un examen nouveau, et par conséquent la possibilité d'une décision contraire à la première ; c'est qu'enfin il n'est jamais trop tard pour réparer administrativement une erreur administrative. Votre haute sagesse et votre loyauté, Monsieur le Ministre, aviseront à ce qu'il convient de faire ; pour ma part, j'aurai été fidèle à la maxime : *Fais que dois, advienne que pourra.*

Au moment où s'achevait l'impression de ce Mémoire, le retour à Paris de M. l'abbé Fourdinier, qui en était éloigné lors de mon arrivée, m'a permis d'aller lui offrir mon respect et lui donner les explications que me commandait sa qualité de supérieur des missionnaires du Saint-Esprit. J'ai appris de lui que deux lettres lui étaient parvenues, dans lesquelles M. le préfet apostolique de la Guadeloupe cherchait à justifier les mesures prises à mon égard : l'une de ces lettres destinée personnellement à M. l'abbé Fourdinier, l'autre à moi, quoique mise sous le couvert de M. le supérieur, qui était autorisé à en prendre lecture. Comme s'il était arrêté que cette affaire conserverait jusqu'à la fin un caractère étrange, et que toutes les formes usitées seraient mises en oubli ; M. l'abbé Fourdinier a refusé de me remettre la lettre qui m'interpelle directement, dont pas une ligne ne concerne un autre que moi, et qui semblait par conséquent m'être acquise comme une propriété personnelle. J'ignore quels motifs ont pu guider M. le supérieur dans cette façon d'agir insolite ; mais je respecte trop son caractère, j'ai trop de foi en sa conscience, pour craindre d'être démenti par lui dans le compte-rendu sommaire que je vais donner de cette lettre, d'après la lecture qu'il s'est borné à m'en faire et que j'ai suivie on comprend avec quelle attention !

Tout d'abord je constate avec bonheur qu'elle confirme pleinement, qu'elle place hors de contestation, l'assertion par moi émise que mes prétendues hostilités contre l'ordre établi et contre le chef de la Mission, étaient le seul motif des rigueurs déployées contre moi. Cette hideuse accusation d'usure, ramassée je ne sais où, comme la boue qu'on jette au visage d'un ennemi terrassé; cette accusation qui, dans la dépêche de M. le gouverneur, tendait à transformer le curé de Saint-François en un vil trafiquant d'argent, se trouve réduite, par la lettre de M. le préfet, comme par mon propre Mémoire, aux modestes proportions de l'unique affaire Saint-Fi-Blanchet, que j'ai racontée dans tous ses détails : affaire assurément très-excusable, et qui a paru telle à la Guadeloupe comme en France. A la Guadeloupe, en effet, le dénonciateur dont les soins haineux sont parvenus à faire adopter ses insinuations par le directeur de l'intérieur (il me répugne de croire qu'un brave marin comme M. Gourbeyre ait épousé sciemment la calomnie, et qu'il ait fait autre chose que parapher d'une main prompte, la note offerte à sa signature contre un curé que d'ailleurs il supportait impatiemment); à la Guadeloupe, disais-je, le dénonciateur n'aurait pas manqué de se taire, s'il se fût agi d'un fait vraiment grave, puisque, devenu lui-même coupable par la réception du gage et par les conseils donnés, sa complicité l'aurait exposé tout au moins à des poursuites disciplinaires : *mentita est iniquitas sibi!* A la Guadeloupe, M. le préfet apostolique, M. le gouverneur, n'auraient pas, sans manquer à tous leurs devoirs, gardé le silence sur un fait qui leur était connu depuis dix-huit mois ; ils n'auraient pas laissé, pendant tout ce temps, un curé exercer ses fonctions, enseigner la morale, si lui-même eût eu à se reprocher des intentions criminelles et un acte flétrissant, surtout si la voix publique l'eût accusé, comme ose le prétendre M. le préfet, aujourd'hui qu'un éloignement de 1800 lieues m'empêche de lui donner un démenti en invoquant le témoignage de tous les habitants de la Basse-Terre. Évidemment, donc, il n'y a là qu'un misérable prétexte ressuscité contre moi par une malveillance chaque jour plus hostile à mesure qu'elle voyait croître l'estime dont on m'entourait, et l'influence signalée par elle-même comme l'objet de son appréhension. En France, M. le supérieur des missionnaires du Saint-Esprit a également montré le peu d'importance qu'il attachait à ce reproche auxiliaire ; car, après lecture prise des deux lettres dans lesquelles M. le préfet racontait le fait en lui donnant toute la valeur possible par ses commentaires, il n'a pas hésité à attester « qu'il ne connaissait dans ma conduite rien que de conforme aux mœurs et à l'orthodoxie. » Malgré l'interdit dont j'avais été frappé, il n'a vu aucun obstacle à ce que je célébrasse la sainte messe ; et, quand j'ai voulu lui donner de plus amples explications orales sur l'affaire d'argent, lui-même m'a interrompu pour me rappeler à l'accusation d'insubordination, d'hostilité, qui semblait seule fixer son attention. Arrière donc une dernière fois la calomnie qui vainement a voulu salir ma robe et, en dégradant le vêtement sacerdotal, pénétrer jusqu'à l'homme !

M. le préfet déclare, dans sa lettre à M. l'abbé Fourdinier, que, célébrant un anniversaire de première communion, quinze jours avant mon départ, et averti déjà par la rumeur publique de ce qui m'attendait, je me permis de faire, dans une allocution, une sortie nouvelle contre l'autorité; qu'il en écrivit à M. le directeur de l'intérieur pour corroborer ses plaintes contre moi et déterminer l'expulsion déjà projetée. Il est vrai, au moment où je descendais de l'autel près duquel j'avais vu s'approcher une centaine de fidèles, venus célébrer le troisième anniversaire de leur première communion; le cœur ému par ce touchant spectacle qui me consolait de bien des amertumes et que je pensais avoir sous les yeux pour la dernière fois, j'adressai quelques paroles sur la série des devoirs que le chrétien a à remplir dans quelque position qui lui ait été assignée par la Providence. J'insistai principalement sur les devoirs de paternité du maître envers l'esclave, sur l'obéissance filiale due par l'esclave au maître : car je voyais devant moi, et j'avais vu assis ensemble au sacré banquet, des maîtres et des esclaves; je leur répétai ce que j'avais dit souvent pour resserrer les liens de la charité : *Unus Deus, una fides, unum baptisma!* Leur rappelant, enfin, les souffrances volontaires du Dieu qui venait de se donner à eux, je leur dis que le chemin du Calvaire était celui par lequel tous devaient parvenir au royaume céleste où il les attend; que la tribulation était le partage de toutes les conditions de la vie; que le disciple prend sa croix chaque jour et suit le divin Maître, et que le premier des disciples, le prêtre, se fait reconnaître au poids de sa couronne d'épines. Sans doute, ma voix trahissait l'émotion dont mon âme était remplie; des larmes coulaient de tous les yeux, larmes qui auront été, je l'espère, recueillies par les anges du saint autel, larmes pacifiques, larmes de piété, mais non d'irritation et de colère.

Cette allocution, M. le préfet qui l'a dénoncée ne l'a pas entendue! Avant que je l'eusse commencée, je l'avais vu de mes propres yeux sortir de l'église sitôt après sa messe dite à un autre autel. En bonne vérité! comment qualifier la conduite de M. le préfet, qui savait jusqu'à quel point avait été travestie la précédente allocution prononcée relativement aux écoles chrétiennes, lui présent, et qui va prêter l'oreille aux rapports non moins grossièrement mensongers de je ne sais quel misérable caché dans l'auditoire; qui les accueille, les couvre de son autorité, les garantit par sa signature dans la lettre clandestine où il invite le pouvoir à porter le coup fatal?

Veut-on savoir quelles étaient ces énormités, ces hardiesses de tribune, si souvent reprochées à mon langage? Voici une page empruntée au livre sur les Colonies françaises, publié avant qu'il fût question de mon retour, par M. Victor Schœlcher, que ses opinions sur l'esclavage n'empêchent pas de rendre hommage à toutes les excellentes qualités des colons, et d'apprécier toutes les difficultés de leur situation:

« C'est malheureusement une chose trop certaine, les prêtres aux colonies ne remplissent pas leur mission: ils se laissent lier la langue par la servitude; ils se contentent de prêcher la résignation. La résignation! vertu d'esclave et d'invalide; ils semblent toujours craindre d'ébranler par un mot le chancelant édifice de l'esclavage. Tout ce qui blesserait le système colonial, c'est-à-dire tout le côté moral de la foi, ils se l'interdisent: la parole de vérité n'est offerte aux esclaves que faussée et tronquée; car les colons, tout en soutenant la stupidité native des nègres, les supposent capables de saisir un mot dans un discours.— Nous avons entendu un curé demander en pleine église à un nègre auquel il faisait subir l'examen du catéchisme. « Quel est le commandement de Dieu qui ordonne à l'esclave de respecter son maître ? » On peut penser si le pauvre nègre fut interdit. Enfin, le prêtre déclara que c'était le quatrième : « Tes père et mère honoreras ! » Jugez des autres par celui-là ; car celui-là est un des plus progressifs, c'est M. Lamache, curé de l'église de Saint-François, à la Basse-Terre, homme si hardi qu'il a eu la témérité de faire carillonner et de chanter le *Veni Creator* à des mariages d'esclaves. Jusqu'alors l'Église coloniale ne pensait pas que les esclaves méritassent la peine qu'on sonnât les cloches à grandes volées, ni qu'on appelât sur eux l'esprit créateur. » (*Des Colonies françaises*, p. 324.)

M. Schœlcher aurait pu ajouter que cette innocente témérité qui excite son sourire m'a pourtant attiré de la part de M. le maire l'observation amicale que plusieurs membres du conseil colonial s'en étaient plaints ; et mon carillon qui réjouissait à si peu de frais les noirs de ma paroisse, n'a éveillé d'écho dans aucune des églises de la Guadeloupe. Quant à la question que M. Schœlcher m'a bien réellement entendu adresser dans un examen de catéchisme, elle rattachait à l'idée de puissance paternelle, à la notion de l'autorité première établie par Dieu dans la société humaine, le devoir d'obéissance souvent rappelé par moi aux esclaves ; mais s'il m'avait ménagé plus d'une fois l'avantage de le compter parmi mes auditeurs, il aurait pu m'entendre adresser une autre question que renferme l'explication de ce même commandement : quels sont les devoirs du maître envers l'esclave ? J'enseignais toute la vérité, et je l'enseignais à tous : c'est ce que n'ont pu pardonner certaines personnes qui voudraient que la prédication évangélique dans les Antilles se bornât à dire aux esclaves : Travaillez, obéissez obéissez....

Aussi, quiconque a vu et connaît les colonies, rendra témoignage à l'exactitude de ces autres passages du même auteur : « Le petit nombre d'hommes qui veulent être les serviteurs de Jésus et non pas les serviteurs des colons, sont ainsi expulsés par ordre ou s'éloignent pour ne point approuver, même de leur silence, des actes contraires à la loi chrétienne....... Tant que l'administration coloniale, soumise aux influences locales comme elle l'est, conservera le pouvoir d'embarquer à son gré et sans jugement un prêtre pour un sermon, on n'aura aux colonies que des ecclésiastiques, sinon ouvertement coupables, du moins sans valeur et vite découragés par le mutisme auquel ils sont astreints.... L'autorité ecclésiastique s'accorde malheureusement avec l'autorité gouvernementale pour trouver tout bien aux colonies telles qu'elles sont. Non-seulement M. le préfet apostolique ne fait rien, mais il trouve que l'on fait trop et s'en cache trop peu. » (Pages 229, 326, 329.)

M. le préfet m'accuse dans sa lettre d'avoir essayé de ruiner son crédit par des propos tenus avec des ecclésiastiques ou même des laïques, et, d'après ce que m'a dit M. l'abbé Fourdinier, il n'aurait pu tolérer plus longtemps mon influence excessive et acquise à son détriment. Cette influence que l'on daigne m'attribuer s'explique tout naturellement. Par la nature même de mes fonctions curiales, plus humbles que celles de préfet apostolique, j'étais mis en contact immédiat et journalier avec toutes les classes de la population, surtout avec cette majorité composée de gens de couleur et de noirs, hommes que le sentiment pénible de leur infériorité sociale dispose si bien à correspondre par la confiance et la gratitude au bon vouloir et à l'aménité qu'un pasteur leur témoigne. En second lieu, la lon-

12

gue expérience de M. le préfet lui faisait mesurer toute l'étendue des périls attachés à un rôle actif, il obéissait aux conseils d'une prudence dont je ne suis pas juge ; mais ce système d'inaction, qui donne la sécurité, donne-t-il en même temps l'empire sur les cœurs ? Loin de nourrir la pensée coupable de me populariser au détriment de mon supérieur, je le pressais de faire entendre sa parole dans mon église aux jours où j'y réunissais cette multitude que l'on s'attache si aisément. L'attaquer par de méchants propos ; essayer de ruiner par de honteuses manœuvres une autorité qu'avaient dû consolider quinze années de ministère exercé dans la colonie avant mon arrivée : mais n'eût-ce pas été pour moi, nouveau venu, un moyen infaillible de me décréditer ! Je ne nierai pas qu'il n'ait pu m'arriver, dans des conversations intimes avec les personnes, en très-petit nombre, que je voyais habituellement et qui partageaient mes vues, d'exprimer des regrets ou même d'émettre des observations critiques s'adressant à l'administration, non à l'homme. Mais avec quelle facilité l'esprit défiant et ombrageux de M. le préfet accueillait des rapports malintentionnés, grossissait des misères, se faisait des monstres : je n'en veux pas d'autre preuve que l'accusation qu'il m'adressa, en présence de M. le conseiller Farinol, d'avoir été complice d'un article de journal dont j'ignorais même l'existence. Et quand il manda par devers lui le vertueux curé de Pointe-Noire, M. l'abbé Perron, qui fait tant de bien parmi les noirs et les gens de couleur, ne lui écrivait-il pas qu'il avait acquis la conviction que les plaintes dirigées contre sa conduite étaient solidement fondées ? Sur la lettre de M. le préfet, M. l'abbé Perron n'avait-il pas déjà fait ses adieux à ses paroissiens ? Cependant la ferme contenance de l'homme apostolique devant son juge prévenu, sa confrontation avec le principal témoin à charge qui se déconcerta, ses loyales explications et l'autorité morale du plus vénérable de ses paroissiens accourant sur ses traces pour réclamer en sa faveur, dissipèrent enfin l'erreur où M. le préfet s'était laissé induire. Si j'avais été admis, comme M. le curé de la Pointe-Noire, à faire valoir mes moyens de justification, je ne doute pas que je n'eusse, comme lui, complétement dissipé les nuages qui s'interposaient entre M. le préfet et la vérité.

M. le préfet me dit dans sa lettre qu'il n'a point voulu engager de polémique avec moi, et que l'enquête demandée était impossible, attendu qu'il n'y a point de conseil ecclésiastique à la Guadeloupe. Depuis quand un juge a-t-il interdit à l'accusé toute parole justificative, comme une polémique oiseuse ou blessante? Condamner sans dire les actes inculpés, sans interroger le prévenu, sans écouter la défense, c'est un droit qui n'appartient qu'à l'infaillibilité de l'intuition divine: parmi les hommes, cela s'appelle une iniquité, à moins qu'on ne considère l'honneur du prêtre et la dignité du sacerdoce comme des intérêts infiniment moins respectables que les litiges qui occupent les tribunaux séculiers!

A défaut de conseil ecclésiastique (tous les prêtres de la Mission savent fort bien que M. le préfet n'en veut point), ne devait-il pas interroger consciencieusement les faits, et pour cela commencer par me dire quels étaient ceux où il trouvait matière à reproche, me placer en présence de mes accusateurs ou du moins me communiquer leurs dépositions, spécifier en un mot le délit et produire les preuves, afin que mes réponses et mes explications lui fournissent les éléments d'une conviction raisonnée? N'était-ce pas pour lui une obligation d'autant plus étroite, qu'il se trouvait à la fois juge et partie? Dans son horreur pour la polémique, il a mieux aimé frapper sans entendre, faire déporter par delà l'Océan celui dont la présence offusquait ses regards, et l'isoler de tous les témoignages qui auraient milité en sa faveur.

Dans sa lettre à M. l'abbé Fourdinier, M. le préfet se plaint que je ne sois même pas allé lui offrir mon respect à l'instant de mon embarquement. Je le lui ai fait offrir par un de MM. mes vicaires, et je ne pense pas que l'humilité chrétienne exigeât davantage. Une visite obséquieuse dans de pareilles circonstances n'eût-elle pas été interprétée comme un hommage dérisoire?

Enfin, au dire de M. le préfet, je me suis posé en victime. J'entends : on aurait eu à faire valoir contre moi un argument victorieux, si, au lieu de prêcher la résignation par mon exemple comme par mes paroles, je m'étais compromis dans les dernières heures en abusant de mon influence pour faire éclater le mécontentement populaire. Je n'ai pas donné cette satisfaction à la malveillance! Mais les faits parlaient plus haut que mon attitude, et la douleur de plusieurs milliers de personnes qui escortèrent mon départ, me dispensait des frais d'un rôle emprunté. Les observateurs éclairés n'avaient pas attendu la crise finale pour m'attribuer, eux, ce titre de victime que l'on a pris soin de pleinement légitimer. Un homme qui occupe l'un des premiers degrés dans l'administration coloniale, me disait au mois d'octobre 1841, dans une lettre que j'ai entre les mains : « Prenez courage, soyez ferme et persévérant; je désire bien sincèrement que les tracasseries qui vous sont suscitées cessent à la confusion de leur auteur. Vous voyez que si le temps des martyrs sanglants est passé, celui des persécutions lui survit. »

NOTES ET PIÈCES JUSTIFICATIVES.

I.

Lettre que j'écrivis à M. le Préfet apostolique immédiatement après la visite dans laquelle il m'avait annoncé la mesure prise contre moi.

Basse-Terre, 14 juin 1852.

MONSIEUR LE PRÉFET,

Sur la réception du billet ainsi conçu :

« J'aurais besoin de m'entretenir avec M. l'abbé Lamache d'une af-
« faire qui le concerne ; je viens donc le prier de disposer d'un mo-
« ment et de passer à la maison.

« Son très-humble serviteur, signé LACOMBE, préfet apost. »

je me suis rendu aussitôt à cette invitation. Je vous ai trouvé à la porte de votre chambre, que vous avez refermée sur nous ; vous m'avez dit, après les politesses d'usage : « J'ai une fâcheuse nouvelle à vous apprendre : le bruit de cette nouvelle circule depuis longtemps, et vous devez la connaître. — Je vous aurais su gré, M. le préfet, vous ai-je répondu, de me le faire savoir plus tôt; car je laisse courir les bruits sans y ajouter foi. — Vous devez pourtant, avez-vous répliqué, faire vos préparatifs pour vous embarquer à bord de la gabarre qui est en rade, ou d'une goëlette..... — Eh bien, Monsieur, j'exécuterai les ordres qui me sont donnés. — Vous auriez pu être tranquille dans cette paroisse, et vous ne l'avez pas été. Vous n'avez pas répondu aux marques d'intérêt que je vous ai données; vous m'avez été hostile, et l'on a pris mes intérêts en main. Vous allez tomber entre les mains d'un maître qui n'aura pas pour vous autant de complaisance que moi. — Pouvez-vous, ai-je repris, m'objecter une ligne de ma main en preuve de mes hostilités? — Non, m'avez-vous répondu; mais vous avez fait agir une voix (soit *voix* ou *voie*), et j'ai pour moi une multitude de témoignages. — Pour moi je n'ajoute pas foi à une voix, et j'aurai le plaisir de prouver plus tard que votre jugement est mal fondé. Je n'ai jamais agi qu'en conscience et sans esprit d'hostilité. Je pense, d'après votre air de conviction, que vous agissez aussi en conscience.

J'ai l'honneur de vous saluer.

Déjà, M. le préfet, j'étais sorti de votre chambre, dont vous m'aviez aidé à ouvrir la porte. Après un pareil entretien, j'ai dû, M. le préfet, me recueillir pour en méditer tous les termes. Le résultat de mes réflexions a été que dans l'intérêt et dans l'honneur du sacerdoce, je devais réclamer de votre justice une sentence en forme, contre laquelle je pusse me pourvoir par toutes les voies de droit. De simples paroles, quelqu'exactement que je les rapporte, ne sauraient emporter le caractère d'une décision écrite et motivée qui, seule, précisera *le maître entre les mains duquel je dois tomber*. Je croyais n'avoir pas d'autre maître que le Dieu auquel je me suis consacré, tout en respectant l'autorité de supérieurs à qui n'appartient point, ce me semble, une dénomination aussi absolue. Quoi qu'il en soit, M. le préfet, si vous avez pour vous une multitude de témoignages sur je ne sais encore quels griefs, j'ai pour moi le témoignage de ma conscience et des moyens certains de réhabilitation. Pièces en mains, il me serait facile de réfuter l'imputation d'une hostilité qui n'a jamais été ni dans mes actes ni dans mes intentions. J'insisterai d'autant plus pour obtenir de vous, M. le préfet, une articulation expresse de mes torts, que je reçois de votre part à l'instant la lettre suivante :

« M. l'Abbé,

« Je vous ai déjà notifié la mesure qui ordonne votre départ pour la « France; je viens vous informer également que, par suite, tous les « pouvoirs qui vous avaient été conférés, en qualité de curé de « Saint-François, ont cessé à la date de ce jour, et qu'il vous est « interdit d'exercer dans la colonie aucune fonction du saint ministère, « sous les peines portées par l'Église.

« Recevez l'assurance de tous mes sentiments, et croyez-moi votre « très-humble serviteur,

« Signé Lacombe, préfet apostolique. »

Or, M. le préfet, les quelques paroles échangées aujourd'hui entre nous, ne peuvent être une notification suffisante de la mesure si rigoureuse prise à mon égard. Selon les lois canoniques, ce n'est qu'après avoir procédé juridiquement contre le délinquant que le supérieur rend contre lui, nommément, une injonction portant censure, et cela pour faute considérable, énorme ! toujours avec peine proportionnée et après admonition infructueuse. « Nemo episcoporum, quemlibet, sine certâ « et manifestâ peccati causâ, communione privet ecclesiasticâ. Ana- « thema autem sine prælatâ evangelicâ admonitione nulli imponat, nisi « unde canonica docet auctoritas, quia anathema æternæ est mortis « damnatio et non nisi pro mortali debet imponi crimine, et illi qui « aliter non poterit corrigi. (Ex *Concilio Parisiensi*, alias Meldensi, 846, C. 56.)

Ainsi, contre tout droit spécial, commun et naturel, je me vois condamné à la peine disciplinaire la plus grave, sans corps de délit constaté, sans indices de culpabilité relevés, sans enquête ni contre-enquête, sans débats, sans défense, sans motifs explicites ! De grâce, M. le préfet, en quoi faisant me suis-je donc, sans le savoir, je vous l'affirme devant Dieu et devant les hommes, montré hostile envers vous, et peu tranquille dans ma paroisse de manière à mériter d'en être retranché comme un sujet de scandale, sans même, pour la forme, avoir été mis en demeure de me justifier. Assurément ce ne serait pas parce que j'ai cherché à évangéliser le plus que j'ai pu, sans acception de personnes, au vœu de notre mission et des prescriptions ministérielles. J'avais été, en janvier dernier, sous menace de ce qui m'arrive maintenant, sommé par le chef du gouvernement local de changer mon attitude taxée d'orgueil et d'insubordination, sur cette même allégation d'hostilité et de perturbation. Je me l'étais tenu pour dit, me renfermant avec la plus grande circonspection, dans l'humilité et le silence. Je ne sache aucun fait nouveau qui se soit ajouté au passé. Je cherche dans ce passé; je ne vois, après mûr examen, qu'une accusation, dont le vague m'absout, de péchés irrémissibles ici peut-être, mais plus que pardonnables ailleurs, je l'espère du moins. En conséquence, je vous adjure, M. le préfet, comme mon juge au premier degré, de me fixer expressément les motifs omis d'une sentence dont je ne voudrais appeler qu'en parfaite connaissance de cause. Ce sera justice.

J'ai l'honneur d'être avec respect, M. le Préfet,

Votre très-humble serviteur,

Signé J. Lamache.

Lettre que j'écrivis à M. le Gouverneur, en lui envoyant copie de celle que j'avais écrite à M. le Préfet apostolique.

Monsieur le Gouverneur,

Votre Excellence m'a fait l'honneur de m'adresser hier, par M. le commandant de la Gendarmerie, l'ordre verbal de m'embarquer sur la gabarre *le Tarn*.

Cédant à l'habitude de la soumission et de la résignation, j'ai déclaré que je me conformerais à votre volonté.

Loin de revenir sur cette déclaration, je m'empresse de la confirmer par écrit, en réclamant seulement, selon mon droit, une notification en due forme.

Afin de démontrer la nécessité d'un tel acte, je me trouve obligé de joindre copie d'une lettre demeurée sans réponse de la part de M. le Préfet apostolique.

A ce document explicatif de ma situation actuelle, je n'ajouterai qu'un mot, M. le Gouverneur, c'est que sur ordre exprès, signé de Votre Excellence, je m'embarquerai pour obéir à l'autorité, ainsi que je le dois; mais non pour fuir devant une instruction sur place, mais non pour assurer le scandale de mon expulsion, et reconnaître des torts que j'ignore légalement et en conscience.

Je suis avec respect, M. le Gouverneur, etc., etc.

Réponse.

MONSIEUR,

En réponse à votre lettre d'hier, je vous annonce que je confirme entièrement l'ordre qui vous a été notifié par le préfet apostolique.

En conséquence, demain 18 juin, à midi, vous devez vous rendre à bord de la corvette *le Tarn*, qui doit vous transporter en France, où vous aurez à rendre compte de votre conduite à M. le Ministre de la marine.

J'ai l'honneur de vous saluer,

Le C. amiral, gouverneur,

GOURBEYRE.

II.

Copie de la lettre que j'adressai à M. le Procureur-général par interim *et à M. le Procureur du Roi.*

M. le Procureur-général,

Dépossédé à l'improviste de fonctions honorables et à l'exercice desquelles je me suis dévoué avec honneur, j'ai besoin de justifier à mes supérieurs de France, n'ayant pu obtenir l'enquête que je réclamais, que ma conduite n'a jamais rien présenté que de digne. La calomnie est facile, le plus honnête homme peut en subir les atteintes, et je viens m'adresser à votre autorité pour obtenir l'attestation que rien de compromettant ne vous a été dénoncé contre moi. C'est au moment de partir que je réclame de votre justice cette attestation.

III.

Copie de l'Adresse présentée par les gens de couleur.

Monsieur et vénérable Pasteur,

La nouvelle de la mesure d'interdiction qui vient de vous frapper, nous a jetés dans le deuil et dans la consternation.

Soumis aux lois et à l'exécution des ordres de l'autorité, nous gémissons en silence sur les motifs qui ont pu entraîner contre vous les rigueurs de cette espèce d'ostracisme dont vous êtes victime. Mais la douleur qui nous pénètre est trop profonde pour ne pas la faire éclater, et nous n'hésitons pas à en déposer l'expression dans le sein de celui qui, depuis qu'il administre cette paroisse, fut notre ami, notre consolateur et notre père.

Oui, M. le Curé, depuis quatre ans bientôt que vous exercez vos fonctions dans notre paroisse, il ne s'est point écoulé un seul jour sans que vous ayez donné des preuves éclatantes de votre dévouement à vos devoirs et à la cause du malheur et de l'humanité.

Toujours infatigable dans l'exercice de vos pénibles fonctions, vous avez fait de la parole évangélique un lien de concorde et de soumission pour toutes les classes de la société. Vous avez su vous multiplier pour répandre les doctrines de l'Évangile, et les fruits de votre zèle et de votre charité se faisaient sentir dans chaque classe. On vous voyait tour à tour à l'autel ou dans la chaire catéchisant nos esclaves, et ne trouvant d'autre repos que celui de vous rendre, à toute heure de la nuit ou du jour, partout où vous appelait une infortune ou un malade à consoler.

Votre zèle toujours inépuisable avait déjà recueilli des résultats précieux : toutes les classes se confondaient aux pieds des autels pour entendre de votre bouche les vérités évangéliques ; chacune d'elles ne se retirait de l'église qu'avec le remords de n'avoir pas jusqu'alors été initiée aux saints mystères ; chacun de vos auditeurs se retirait avec l'intention de devenir meilleur et de marcher dans les voies que vous lui aviez indiquées.

La Basse-Terre n'oubliera jamais les instructions religieuses que vous répandiez tous les jours avec cette éloquence simple et persuasive qui pénétrait tous les cœurs. Les pères de famille n'oublieront pas, à quelque classe qu'ils appartiennent, les soins touchants dont vous avez entouré l'éducation de leurs enfants.

Grâce à vos efforts, des améliorations notables se sont opérées dans les mœurs des esclaves : c'est vous qui leur avez imprimé l'idée qu'il n'y avait de salut pour eux, soit dans le ciel, soit sur cette terre, que dans la soumission aux lois et dans l'amour du travail. Vous en avez converti plusieurs, ils ont été d'un bon exemple pour le reste de la population; et vos prônes ont fait plus sur elle que toutes les prescriptions de l'autorité publique; sous votre administration paternelle, nous avons vu se multiplier les mariages des esclaves et des affranchis; vous avez béni par le sacrement du mariage une foule d'unions qui s'étaient faites en dehors des lois et de l'Église.

Nous ne pourrions pas rappeler ici tout le bien que vous avez fait. Votre nom est dans toutes les bouches; la population éplorée de la Basse-Terre, qui se presse autour de votre maison, vous témoigne assez toute l'étendue de ses douleurs et de son désespoir!..... Les desseins de la Providence sont grands sans doute; il faut accepter sans murmure les faits qui s'accomplissent; mais qui pourra vous succéder dans notre affection? qui pourra, comme vous, ministre de l'Evangile, nous faire aimer Dieu par l'accomplissement des devoirs de bonté et de charité dont vous étiez l'exemple vivant?

Vous allez quitter nos bords, on vous arrache de nos bras! Dites à la France que nous ne désespérons pas de votre retour! Nos vœux pourraient-ils être stériles, lorsque les yeux noyés de larmes et tournés vers la mère-patrie, nous crierons au Roi : Sire, rendez-nous notre père! rendez-nous l'ami du pauvre, l'apôtre de l'Évangile, le consolateur des affligés et des malades, rendez-nous l'abbé Lamache!

Nous sommes avec un profond respect, M. le Curé,

Vos très-humbles et très-dévoués serviteurs.

(Suivent les signatures.)

Les nombreux signataires de cette adresse, la plupart géreurs ou propriétaires d'esclaves, forment l'élite des gens de couleur de la Basse-Terre; cette classe des gens de couleur tient dans la société coloniale une position offrant quelqu'analogie avec celle de la bourgeoisie naissante au moyen âge européen.

Placée entre les noirs attachés à la glèbe, et les planteurs propriétaires du sol, elle est l'anneau intermédiaire qui unit les deux conditions et les deux races. Son influence chaque jour croissante mérite de fixer toute l'attention du gouvernement. Déjà plusieurs de ses représentants, par l'importance de leur fortune et de leur industrie, touchent aux hauts degrés de l'échelle sociale; sa jeunesse se félicite d'avoir fourni des élèves à l'École Polytechnique, des officiers aux armes savantes, des membres à la magistrature, au barreau, à toutes les professions libérales.

IV.

Extraits de la lettre qui m'a été écrite de la Guadeloupe.

Basse-Terre, 23 juin 1842.

Monsieur le Curé,

Déjà j'ai eu occasion et je me suis fait un devoir de vous manifester publiquement ma sympathie. Cette lettre, dans laquelle je me plais à vous réitérer l'expression de mes sentiments, est un témoignage explicite rendu en âme et conscience à votre irréprochabilité, pour répondre à je ne sais quelles imputations occultes et anonymes.

Mon estime et mon amitié datent, vous le savez, du jour où la persécution s'est véhémentement prononcée contre vous, du jour où l'autorité supérieure vous avait, en termes regrettables, gourmandé sur de vagues allégations déjà jugées, en partie, à votre avantage par M. Jubelin, et d'ailleurs toutes à votre louange. Car le fond de l'incrimination, c'était votre zèle à moraliser sans acception de personnes, sans souci de puissance. Vous avez eu beau vous renfermer dans la circonspection la plus réservée, depuis que la malveillance avait éclaté contre vous, en janvier, par les foudres du pouvoir; vous ne deviez pas être pardonné de vos péchés contre les intérêts soi-disant coloniaux. Le bien immense que vous faisiez dans votre paroisse n'a pu conjurer la sentence d'exclusion. On vous interdit les fonctions d'un ministère exercé à la confusion de plusieurs; on vous renvoie, sans explication, d'une colonie où vos œuvres évangéliques parlaient trop haut.

Vous demandiez instamment, au nom de la loi et des plus hautes considérations, d'être entendu, d'être jugé, au moins en la forme, avant d'être flétri. On avait trop à cœur de *sabrer*, ainsi qu'on s'en était fait gloire devant vous, homme de paix et de mansuétude. Pour ce coup d'état, toute la force publique était sur pied dès le matin; la police veillait aux carrefours; la gendarmerie n'attendait qu'un signe et elle accourait au galop, sabre au poing, mettre fin à votre moindre retard.

Mais pour vous consoler de ces rigueurs du pouvoir, on vous a exprimé de toutes parts une si affectueuse compatissance, que nous vous avons vu contraint de vous dérober à la multitude désolée et fuir des adieux que l'entraînement de la douleur aurait pu rendre compromettants. Le mécontentement, si vif, si général qu'il fût, s'est contenu à l'exemple édifiant de votre résignation. En conscience, l'autorité aurait dû vous en savoir gré, de même que les maîtres vous doivent de la reconnaissance pour leur avoir rendu plus dociles, plus zélés, des esclaves qu'une folle impatience de l'émancipation rendait indociles à la discipline et au travail.

L'accusation n'a point encore aujourd'hui pris de nom ni de caractère : un commis aux écritures administratives, perdu de crédit moral et financier, se serait chargé d'épier, de relever, de dénoncer vos gestes, dires et faits. Grâce à l'exiguité de sa taille, il aurait assisté inaperçu à vos dernières instructions dans votre église, et dressé à la dérobée procès-verbal des phrases prêtant à incrimination. Il aurait même poussé ses enquêtes clandestines jusqu'auprès d'une négresse esclave qui l'aurait renvoyé à gens de son espèce. Enfin, le zèle de cet officieux personnage serait devenu si indiscret, que le préfet aurait eu la politique de s'en fâcher.

Tel serait le principal témoin à charge. En revanche, nombre de personnes, autrement dignes de foi, auditeurs assidus de vos catéchismes, déclarent tout haut que jamais vous ne leur avez paru justifier les calomnies dont vous avez été victime, n'ayant pas tenu les discours que l'esprit de dénigrement vous prête ou qu'il travestit.

A ce propos, un habitant, propriétaire, membre du conseil colonial, officier supérieur de la milice, éclairé et impartial, renseigné d'ailleurs à votre avantage par sa belle-mère, me disait qu'il regardait comme impossible d'évangéliser les esclaves sans effaroucher le fanatisme créole; que, devant une pareille difficulté, il comprenait le silence prudent des uns et les insignifiantes paraphrases des autres; mais que l'ecclésiastique de cœur et de talent, qui bravait les sottes criailleries de la prévention, pour remplir, sans trouble ni désordre, sa mission et les prescriptions ministérielles, devrait trouver auprès de l'autorité, au lieu de défaveur, considération; au lieu de menaces, encouragements; au lieu de violences, protection.

Le maire lui-même, qui, dans le temps, a fait un rapport sur votre compte, est convenu devant moi que, pris par lui à l'improviste, vous lui aviez aussitôt représenté le manuscrit fort innocent de certaine instruction incriminée de par la ville, absoute par M. Jubelin, et néanmoins remise en grief; que, depuis, durant ces six derniers mois, il ne s'était élevé aucune plainte contre vous; que vos discussions avec la fabrique, ou plutôt avec le marguillier, devenu votre ennemi, avaient cessé par la retraite de ce fonctionnaire trop passionné; qu'au reste, tous les caquets passés et présents ne pouvaient motiver la sévérité déployée contre vous; que la principale cause de votre embarquement était sans doute votre prétendue mésintelligence avec le préfet.

Comme cette raison ne paraît pas satisfaire le public, l'autorité se retrancherait enfin derrière une dépêche ministérielle qui, sur de vagues inculpations parties d'ici en janvier, époque de la scène que vous fit le gouverneur, aurait permis votre renvoi. Mais, évidemment, ce renvoi devait demeurer subordonné à une aggravation de torts qui réclamât une expiation exemplaire. Quelle nécessité de vous interdire, de vous expulser brusquement, après tant de mois de répit et d'absolution implicite, puisqu'on vous laissait continuer des fonctions n'admettant ni compromis, ni rétroaction semblables? Comment prendre le change quant à la responsabilité de ce scandale? Au gouvernement local seul l'odieux d'une mesure sollicitée à tort, exécutée sans convenances, inexcusable au fond. Aussi, Monsieur le curé, n'avez-vous dû la subir que sous contrainte de la force. C'était un cercle vicieux dans lequel tournaient vos adversaires, semblant se renvoyer la responsabilité de l'un à l'autre. Le préfet ne vous a interdit que par suite de la *mesure qui ordonne votre départ*. Le gouverneur se restreint d'abord à un ordre verbal d'embarquement qu'il vous fait annoncer par le préfet, puis il se borne à confirmer purement et simplement une notification arguée d'insuffisance.

D'après les rigueurs du pouvoir contre vous, qui n'était incité à vous croire convaincu de méfaits énormes? Mais la notoriété et la voix publique protestent hautement en votre faveur. L'anathème n'a point imposé à des hommes de bien qui n'ont pu voir qu'une persécution dans le refus obstiné des motifs de votre embarquement. Un retour d'opinion s'est opéré en votre faveur chez vos ennemis mêmes, chez ceux dont vous aviez contrarié les préjugés ou les vices par vos instructions vraies et fructueuses. Les mauvais plaisants traitent le préfet de Barbe-Bleue, pour avoir éliminé du presbytère de Saint-François, sans forme de procès, six à sept curés qui lui portaient ombrage dans sa cathédrale où il entend trôner sans rival, dans le plus discret mutisme, dans la sécurité la plus complète quant au reproche de zèle apostolique. « Une castille de prêtre à prêtre, entends-je dire même aux malveillants, d'ancienne date encore, n'était point un scandale à justifier la rigueur déployée contre M. Lamache, quand on laissait un curé de la paroisse....., convaincu de torts autrement graves, se retirer avec les honneurs de la vertu et l'argent d'un financier; quand on n'avait pas même censuré un prêtre..... (Ici l'auteur de la lettre rappelle l'impunité, les certificats honorables ou même les faveurs accordées à quelques mauvais prêtres dont les scandales sont publics et bien connus de l'autorité. L'auteur du Mémoire ne peut se permettre de reproduire les lignes qui y font allusion.)

On se plaît à comparer votre traitement avec celui de l'abbé Rouael, homme de cœur et de talent, dépossédé en 1829 de la cure du Lamentin, pour manifestation d'idées trop libérales peu en harmonie avec le temps et le pays. La défense faite au procureur du Roi et au procureur-général de rendre témoignage à votre irréprochabilité, ajoute à l'indignation. Si, en vous immolant sans le moindre ménagement, on a cru se rendre plus propice le conseil colonial convoqué pour aujourd'hui, le sacrifice pourra bien être rejeté comme trop visiblement entaché de la partialité du pouvoir. Après avoir révoqué sans motifs avoués un juge d'instruction, zélateur de la loi, ce pouvoir, sans au préalable s'éclairer de l'avis de personnes honorables et bien renseignées, telles que MM. de Lacharrière, Beauvallon, Isnardon, Bonnet, etc., s'empresse de destituer un curé, homme de bien, de vertu même.

La cause réelle de votre ostracisme, c'est que, sans vous laisser effrayer par l'exemple de vos prédécesseurs, vous avez cherché à faire le bien que de tout temps le chef actuel de la mission n'a voulu, ou n'a pu faire, et qu'il n'a jamais laissé faire; c'est que vos œuvres ont sérieusement répondu aux vœux et aux allocations de la métropole.

Parmi vos prédécesseurs au presbytère de Saint-François, il s'était rencontré un homme à conceptions et à entreprises d'utilité générale. De ses seules ressources personnelles, cet ecclésiastique était parvenu à doter la colonie d'un établissement d'instruction complète, où la fusion des castes s'opérait par celle des intelligences et des sentiments, par la communion des idées et des principes de la métropole. Malgré son offre de défrayer deux vicaires, il lui fallut opter entre sa cure et son institution, c'est-à-dire abdiquer la puissance pour le bien; car il ne tarda pas à être rebuté de tant de difficultés, abreuvé de tant de dégoûts, qu'il désespéra. S'il était vrai, ainsi que je l'ai entendu articuler, que le préfet apostolique eût contrarié, discrédité plus ou moins ouvertement une institution de cette nature, mieux lui eût valu la commanditer lui-même des soixante mille francs qu'il a perdus dans la faillite Valeau. Il se serait amassé des trésors impérissables dans le ciel; il aurait, par une édifiante exception, soustrait son nom à la solidarité des justes critiques adressées aux principaux chefs de la colonie, par des écrivains parfaitement au courant des hommes et des choses. « Cette pauvre Guadeloupe est depuis longtemps aux mains d'une administration usée, incapable, jalouse, qui garde avec la haine de l'eunuque les trésors dont elle ne sait ni ne peut jouir, qui étouffe tout ce qui naît, qui ne fait rien et qui empêche ce qu'elle ne fait pas. Qu'y gagne-t-elle? mon Dieu!

rien, excepté ce que les natures infirmes comptent pour beaucoup, le triomphe de petites haines et de grandes incapacités. En France, l'administration est opprimée par le public; aux colonies, le public est opprimé par l'administration; et ces beaux pays n'ont participé à aucune des améliorations pratiques réalisées en France depuis douze années, parce qu'ils sont loin, parce que nul n'écoute leurs plaintes, parce que même en temps de révolution, il reste toujours au fond des peuples des abus auxquels les plus longs balais n'atteignent jamais.... Si nos colonies, au lieu d'être administrées, je me trompe, au lieu de n'être pas administrées par les braves amiraux auxquels on a l'habitude de les confier, et qui ont l'habitude de ne rien comprendre à leur importance, avaient été aux mains de gens d'esprit...., etc. (*Globe*, 17 et 18 octobre 1841; et *Voyage aux Antilles*, par Granier de Cassagnac.)

Au résumé, Monsieur le curé, vous avez pris au sérieux vos devoirs et les volontés du Roi et des Chambres, sans accommodement avec des exigences contraires, sans imiter l'exemple de votre chef, dont le mérite est de n'en point montrer, et qui, depuis quatorze ans de pontificat, s'est abstenu de donner au clergé aucune direction prononcée, au culte aucun éclat vivifiant, à l'instruction religieuse aucun développement, aucune portée. Vos généreux efforts, quoique comprimés, vous avaient fait chérir et respecter de manière à vous rendre un objet d'envie et de haine.

Aussi devrez-vous, dans les circonstances, être renvoyé de suite avec glorification à votre paroisse qui n'attend pas moins de la justice du Roi et de ses Ministres. Il est vraiment inouï de contraindre un fonctionnaire nommé par le Roi, d'aller, au travers des fortunes de mer, à dix-huit cents lieues, rendre compte d'une conduite dont l'on ne précise point les torts à ses méditations durant la traversée, d'une conduite qu'il a cependant demandé à faire approfondir et juger sur place, ainsi qu'il importait à la vérité, à la religion, aux mœurs, à la justice enfin. Le Ministre ne pourra point, du moins, vous dire, Monsieur le curé, comme il l'a dit à tant d'autres éliminés à son grand embarras : « que ne vidiez-vous cette affaire sur les lieux? Comment l'apprécierai-je, moi, à une si grande distance des principaux éléments de conviction, sur de simples notes confidentielles? » Vous lui répondriez : « J'ai fait à cet égard tout ce que mon caractère me permettait de faire. Vouliez-vous donc que je me réfugiasse dans mon église, que je me fisse arracher de l'autel par les gendarmes, et que je soulevasse toutes les passions de la foule? N'ai-je pas, sans éclat, suffisamment établi que je ne cédais qu'à la force, contre le sentiment de mon entière innocence, contre le désir de la maintenir juridiquement sur le théâtre même de mes délits ou de mes crimes inarticulés? »

Votre cause, Monsieur le curé, est celle du juste opprimé et des faibles dont vous étiez le père et le consolateur. *Beati qui persecutionem patiuntur propter justitiam!* Vous aurez bien des dégoûts, bien des amertumes à subir, s'il est vrai qu'on puisse appliquer à notre époque ce qu'un ancien disait de ses contemporains: *Corrumpere aut corrumpi seculum vocatur*. Mais songez résolument que vous devez à la sécurité de quelques hommes de bon vouloir, et à la moralisation du plus grand nombre ici, votre prompt retour. Que ce noble but grandisse vos forces et les soutienne au gré de nos espérances! »

Je ne puis allonger indéfiniment ces notes, en transcrivant les autres lettres qui m'ont été adressées même par des colons. L'un d'eux, fort considéré à la Basse-Terre, et à qui les services qu'il a rendus par sa profession dans la dernière épidémie ont valu la décoration, m'écrivait au moment de mon départ :

« J'allais me rendre chez vous à midi, lorsque j'ai appris, par une foule de voisins très-émus, que vous aviez quitté le presbytère pour vous rendre à bord du *Tarn*. J'ai vivement regretté de n'avoir pu recevoir vos adieux, hélas!... pour toujours peut-être; s'il en est ainsi, ce sera néanmoins pour peu de temps; nous nous reverrons là-haut, j'espère : là, plus de passions, plus de tribulations, béatitude éternelle pour les bons! Le petit péché qu'on vous fait expier ici, est un péché qui tient à la position : là-haut on ne vous en demandera pas compte.

Qu'il me soit permis de transcrire encore la lettre que vinrent m'apporter à bord du *Tarn* les bons Frères de Ploërmel. L'expression des sentiments que j'avais eu le bonheur de leur inspirer s'y trouve contenue par les habitudes d'une humble résignation qui ne leur permit pas, néanmoins, de me cacher entièrement la désolation dont les accablait mon départ.

MONSIEUR LE CURÉ,

Avant de nous séparer, il nous reste un devoir à remplir auprès de vous. Nous serions, certes, bien ingrats, Monsieur le curé, si dans ce moment de séparation, nous paraissions insensibles à vos bienfaits envers nous.

Le souvenir de ces bienfaits sans nombre, nous engage fortement à vous exprimer nos plus profonds sentiments de gratitude.

Oui, Monsieur le curé, les conseils salutaires que nous avons eu le bonheur de recevoir si souvent dans le tribunal sacré, les bienfaits de la confession que nos élèves ont éprouvés par votre ministère, les discours touchants que vous daigniez leur adresser à toute occasion dans notre chapelle, en un mot, vos vifs intérêts au bien-être de notre établissement, sont pour nous de puissants motifs de reconnaissance.

Veuillez donc, Monsieur le curé, agréez notre respectueux et reconnaissant souvenir, daignez vous convaincre qu'il part de cœurs sincères où il restera toujours gravé.

Frère HERVÉ; frère SIGISMOND; frère HYACINTHE.

Basse-Terre, le 18 juin 1842.

V.

Après avoir occupé pendant quatre ans une chaire de théologie dans le grand séminaire de Coutances, le besoin d'une vie plus active me détermina à accepter les fonctions de vicaire à Cherbourg. M. Mauger, alors supérieur du grand séminaire et grand-vicaire diocésain, écrivait à ce sujet à ma mère :

« Nous voyons partir avec regret notre bon M. Lamache; il emporte l'estime et l'affection de Monseigneur et de tous ses supérieurs. Tous ses confrères lui ont voué une amitié qui ne finira qu'avec la vie. Peut-être s'élèvera-t-il quelque difficulté sur le rang qu'il devrait occuper dans le chœur de l'Église. Mais en ce cas il est déterminé à demander la dernière place. Vous êtes trop bonne chrétienne, Madame, pour ne pas apprécier de pareils sentiments; ce n'est pas la stalle qu'on occupe qui fait le mérite, etc. »

Ces derniers mots trouvent leur explication dans une lettre que Mgr Dupont écrivit lui-même à M. le curé de Cherbourg à mon occasion : l'on me pardonnera de reproduire un aussi minime détail; il prouve, du moins, que mes supérieurs de France, sous l'œil desquels j'avais longtemps vécu, me jugeaient étranger à l'esprit de trouble et d'orgueil :

« Je vous adresse, Monsieur et cher coopérateur, la lettre de pouvoir de M. Lamache, votre nouveau vicaire. Lorsque j'ai songé à associer à votre ministère cet excellent ecclésiastique, mon intention a été qu'il succédât à M. Lecarpentier pour le rang et pour les fonctions. Les fonctions de professeur de théologie, que M. Lamache a remplies pendant plusieurs années, me semblaient commander cette destination. Plusieurs de messieurs vos vicaires ont été élèves de M. Lamache. Les convenances me semblent demander qu'il ait le pas sur eux. Cependant, puisque cet arrangement leur porte ombrage, je connais trop bien la modestie de M. Lamache pour vous imposer mon désir par voie d'autorité, etc. »

Je restai vicaire à Cherbourg pendant cinq ans : là, je connus un officier supérieur de la marine, M. Choisy, qui fut envoyé en qualité de gouverneur dans la Guiane française. Il conçut le projet de fonder un établissement sur les îlots dont est parsemé le lac de Mapa, qui est limitrophe entre nos possessions et le Para. Il lui fallait un prêtre actif et dévoué pour entreprendre de fixer et de civiliser les Indiens qui errent dans ces régions. M. Choisy me fit l'honneur de s'adresser à moi, et il me séduisit par l'espoir d'un bien immense à opérer. Mgr Robiou, qui avait remplacé Mgr Dupont sur le siége épiscopal de Coutances, et qui l'occupait depuis quelques mois seulement, daigna m'assurer que le bien qu'il avait entendu dire de moi, lui faisait vivement désirer de me garder. Il appuya ses instances affectueuses d'une foule de représentations sur les difficultés et les périls que la situation des colonies offrait au prêtre pénétré du sentiment de ses devoirs. Plût à Dieu que me rappelant en cette occasion les mots de saint Paul : *Oportet etiam sobrie sapere*, j'eusse subordonné les inspirations du zèle aux conseils qui m'étaient donnés par le vénérable évêque ! Une expérience tardive ne m'en a que trop bien démontré la justesse.

Je partis de France avec une destination spéciale qui m'était conférée par le ministre de la marine, pour le poste de Mapa. Débarqué à Cayenne, j'y exerçai mon ministère pendant quatre mois, attendant l'organisation de l'établissement de Mapa et l'ordre de m'y rendre. Je fus adjoint à une commission chargée d'explorer le lac et ses environs, avec ordre de revenir au bout de quinze jours, de sorte que j'eus à peine le temps d'ébaucher une église en branchages et de visiter quelques carbets d'Indiens. Une nouvelle enquête faite sur les lieux, et diverses circonstances politiques ayant fait complétement abandonner le projet conçu par M. Choisy, ma destination primitive se trouva sans objet. Le nombre des ecclésiastiques employés dans la Guiane était d'ailleurs bien suffisant pour le service local.

Je demandai donc un congé pour aller visiter la Guadeloupe où je savais qu'il y avait disette de prêtres. Des recommandations honorables, qui m'accompagnèrent de Cayenne à la Guadeloupe, et quelques services que je rendis dans cette colonie ravagée par une épidémie meurtrière, me firent au bout de six mois appeler à la cure de Saint-François. Quoique mon séjour à la Guiane n'ait duré qu'une demi-année, j'ai été assez heureux pour y laisser, dans l'esprit de M. le préfet apostolique dont le zèle pastoral et les vertus évangéliques sont cités comme exemplaires, des souvenirs d'estime et d'affection consignés dans plusieurs lettres qu'il m'a fait l'honneur de m'écrire.

VI.

Attestation du frère Frédéric, supérieur de l'école des Frères de Ploërmel, à la Basse-Terre.

« Je déclare que M. le Maire de la Basse-Terre, en présence de deux témoins, m'ayant demandé si nous avions des esclaves dans nos classes, sur la réponse que je lui faisais que je pensais que nous en avions quelques-uns, m'a dit : « Renvoyez-les ; ou bien donnez-moi leurs noms, je me charge de les renvoyer. » Je déclare, en outre, qu'il a ajouté ces paroles : « L'heure n'est pas venue d'instruire les esclaves; il ne faut pas aller avant le temps. Si quelque maître veut instruire les siens, il y a des écoles non gratuites, qu'il paie. »

VII.

Copie de l'allocution écrite et lue par moi, dans mon église, pour rétablir les termes et le véritable sens de l'annonce que j'avais faite le dimanche précédent.

Mes frères,

Je vous ai annoncé, dimanche dernier, que les Frères de l'instruction chrétienne allaient reprendre le cours de leurs classes; que dans leur enclos une chapelle avait été ornée par leurs soins, et que là, un dimanche sur deux, quand le vicaire qui partage mes travaux ne s'absenterait pas pour offrir le saint sacrifice dans l'église dont il est le pasteur, leurs élèves pourraient se réunir, assister au saint sacrifice, entendre la parole évangélique mise à leur portée, appropriée à leurs besoins, et ainsi se dédommager de la privation qu'ils éprouvent de ne pouvoir, faute de place, se rallier autour de leurs maîtres pour assister à la messe paroissiale. J'ai dit que le lendemain j'allais bénir la chapelle, et en célébrer la dédicace par une messe solennelle; ce que j'ai fait à l'édification de plus de quatre cents personnes. J'ai invité les pères et mères à redoubler de zèle pour envoyer leurs enfants à l'école. J'ai exprimé les vœux que je formais, pour que le nombre des élèves s'accrut de plus en plus; j'ai même dit, j'en conviens, qu'il serait beau de voir *le maître et le serviteur assis sur les mêmes bancs*, recevoir des Frères de l'instruction chrétienne, de ces maîtres élémentaires de la science humaine comme de la science sacrée, leurs premiers principes et leurs premières leçons, apprendre par l'organe de la charité même les divers devoirs qu'ils ont à remplir et dans le monde chrétien et dans le monde social. Pour dissiper l'apparence d'obstacles qui au fond n'avaient rien de solide, mais que quelques personnes s'imaginaient entrevoir réellement, j'ai dit, et je le répète encore, que d'après une ordonnance royale promulguée par un arrêté de M. le gouverneur, et insérée dans la *Gazette officielle*, l'esclave pouvait être admis aux écoles gratuites, bien entendu, ai-je ajouté, *avec l'a-*

grément de son maître. C'était l'explication de l'ordonnance qui ne requiert pas expressément le consentement du maître, mais le requiert implicitement, ne voulant certainement pas favoriser le marronage et l'insubordination. Je le sais, mes frères, je le sais, quelques esprits ont été troublés, choqués, irrités même, comme si j'avais arboré un signal d'alarme dans la ville; ils ont murmuré, ils m'ont critiqué; j'ignore jusqu'où ont été leurs plaintes; mais, ce que je sais fort bien, c'est que si l'on venait à la messe paroissiale, si personne ne recueillait mes paroles le long des chemins, sur les promenades publiques et par ouï-dire, mes paroles n'auraient point été tronquées, corrompues, peut-être même envenimées: l'on aurait vu que, dans le dessein de favoriser l'instruction religieuse, je n'avais fait que rappeler à la mémoire du public une ordonnance royale déjà publiée, que peut-être quelques individus ignoraient encore, ou bien qu'ils avaient oubliée: on m'aurait su gré d'avoir exprimé, dans l'intérêt de la paix et de la bonne harmonie, ce que l'ordonnance n'énonce pas expressément. Dans mon annonce, outre que je me suis montré fidèle à ma mission évangélique, je n'ai pu que favoriser les vœux de l'administration, qui sait fort bien qu'un royaume divisé dans son intérieur ne saurait subsister, et qui n'est point opposée à elle-même. Non, je n'ai point parlé d'une manière irritante, mes paroles n'ont pas même été inconsidérées et légères; je ne suis point un enfant qui s'amuse à tracer sur le sable des caractères insignifiants, pour les effacer ensuite. Je dis ce que j'ai à cœur, et j'ai à cœur ce que je dis, toujours prêt, l'Évangile et la loi à la main et, je crois, des expressions assez nettes sur les lèvres, à rendre compte à l'autorité de laquelle je dépends, de ce que j'enseigne soit de la chaire, soit de l'autel. Serait-ce que j'aurais blessé des susceptibilités? mais, en voilant une ordonnance qui favorise le progrès de l'Évangile, n'aurais-je pas blessé la plus grande des susceptibilités? celle de Dieu, celle du Roi, celle de la personne qui parmi vous le représente? Effaçons le mot susceptibilité : l'autorité de Dieu, l'autorité du Roi et du dépositaire de ses pouvoirs, qui ne peuvent voir d'un mauvais œil l'ordre qu'ils ont établi. Dira-t-on que j'ai blessé l'orgueil d'une certaine condition? Non, cette condition comprend trop bien sa position dans le monde social : placée au milieu des diverses conditions, elle donne la main aux unes et aux autres, joint ensemble les extrêmes, coordonne tous les rangs, et forme de mille membres épars un corps, un ensemble où règne la plus parfaite harmonie. Mais un orgueilleux de cette condition, ou bien un maître trop fier de son autorité, dédaignerait-il l'esclave? dirait-il qu'il n'est pas membre de la société? Je répondrais au premier qu'il eût à respecter la mémoire de ses pères; et j'ajouterais pour le second, que l'esclave n'est point à dédaigner : qu'en se soumettant avec patience et docilité, en se montrant le disciple parfait de celui qui, pour relever toutes les humiliations de l'homme, se revêtit de la forme d'un esclave, s'anéantit lui-même en se faisant esclave, et en s'anéantissant avec lui, il me semble le plus estimable des hommes. Oui, quand il relève son front incliné vers le champ qu'il cultive, pour regarder le ciel sa patrie, sa destinée, comme la nôtre, il me semble voir dans son attitude quelque chose de vraiment grand. Il n'y a de servitude honteuse que celle qui, au milieu de la liberté, s'assujettit à la passion et au caprice des hommes. Tranchons toute discussion, et parlons comme l'Évangile d'aujourd'hui et à l'imitation du bon pasteur : Je me repose sur mes brebis, « mes brebis entendent ma voix et me suivent; je connais mes brebis et mes brebis me connaissent; il est encore des brebis qui ne sont pas dans mon bercail, il faudra bien que je les y amène; alors il n'y aura plus qu'un seul troupeau et un seul pasteur. » Parlons sans allégorie, il y a de pauvres esclaves qui n'ont du christianisme que le baptême, sans en avoir la religion; il y a des libres qui sont instruits des mystères de la foi, mais qui ne sont occupés que de leurs affaires temporelles, qui ne se mettent nullement en peine de joindre les œuvres à leur croyance : les uns et les autres appartiennent à mon troupeau; mais ils en sont éloignés. Pauvres brebis! il faudra bien que je les y amène, que je les y amène par la force de la vérité et de la persuasion. Alors il n'y aura plus qu'un seul troupeau et un seul pasteur, c'est-à-dire une seule et même pensée, celle de la charité, de l'affection que je porte, je le déclare, au fond de l'âme pour toutes les brebis confiées à mes soins, quelles qu'elles soient, et que je voudrais avoir l'occasion de leur prouver de la manière la plus généreuse et la plus convaincante.

VIII.

Copie d'une lettre que m'écrivit M. de Lacharrière, président de la Cour royale.

Basse-Terre, 1er septembre 1840.

MONSIEUR LE CURÉ,

Médicis et Thérèse désirent assister aux instructions et approcher de la sainte table. Elles m'ont demandé une autorisation que je leur ai accordée de bon cœur. C'est avec une vive satisfaction que je m'aperçois de la tendance religieuse qui se manifeste dans l'atelier. Je suis décidé à la favoriser de tous mes efforts.

Votre zèle éclairé, Monsieur le curé, est la cause de ce changement... c'est un service signalé que vous nous rendez. Je vous prie d'en recevoir mes remerciements, et d'agréer l'expression des sentiments d'estime et de considération avec lesquels j'ai l'honneur d'être votre dévoué serviteur.

IX.

Je ne sache pas que dans aucune autre église de la colonie un noir ait été admis à s'asseoir dans le chœur. Moi-même j'ai eu la plus grande peine à obtenir que, le jour de la première communion, l'ordre des communiants ne fût pas déterminé par les nuances de la peau. Les répugnances étaient telles, dans le principe, qu'il est arrivé à une personne de couleur de se retirer du lieu saint et de renoncer à la communion, parce qu'on l'avait placée à côté d'une compagne dont la peau était d'une nuance plus foncée. Je me suis grandement réjoui de faire prévaloir à la fin l'esprit de charité contre ces misérables et irritantes susceptibilités d'amour-propre qui se produisent jusqu'en face des autels que surmonte l'image du Dieu crucifié par amour pour nous.

On ne peut croire quelles négociations diplomatiques il m'a fallu pour parvenir à grouper dans le sanctuaire, des enfants de chœur appartenant les uns à la race blanche, les autres à la classe des gens de couleur. C'était, qu'on me pardonne le mot, un véritable tour de force que M. le préfet m'avait mis au défi d'accomplir, sans m'indiquer, toutefois, lesquels il faudrait préférer, dans le cas où ils s'obstineraient à ne pas vouloir frayer ensemble

X.

L'autorité coloniale elle-même ne se dissimule pas combien les règlements locaux relatifs à l'administration des fabriques sont imparfaits et inconciliables avec l'état actuel des choses. Divers projets d'amélioration ont été déjà esquissés : il serait à souhaiter que le premier personnage ecclésiastique de la colonie en hâtât l'accomplissement, et apportât le concours de ses lumières dans une matière qui se rattache intimement aux lois de l'Église. Pour me mettre à portée d'éclairer la question autant qu'il était en moi, j'avais écrit à Paris que l'on m'envoyât, entre autres ouvrages, le Traité du savant archevêque de Paris sur l'administration des paroisses. Ces livres, expédiés de France au moment où moi-même je m'embarquais pour y revenir, seront arrivés à la Basse-Terre comme un dernier témoignage de ce désir de sages réformes qui a été transformé en témérité novatrice.

XI.

Mes intentions étaient connues également d'une personne dont toute la ville vénère les éminentes vertus, qui est la Providence visible de toutes les infortunes et de toutes les bonnes œuvres, madame Pariset. Elle s'associait vivement à mon désir, espérant qu'une organisation plus complète et plus convenable du bureau de bienfaisance permettrait d'introduire à la Basse-Terre l'usage de faire visiter les pauvres à domicile par des sœurs et des dames de charité, usage inconnu dans la colonie.

XII.

« Les sentiments d'un religieux amour et d'une sainte reconnaissance dans les esclaves pour les hommes de charité qui s'intéressent à leur sort, se manifestent sous diverses formes selon les diverses circonstances. Ainsi, bien qu'on ne leur abandonne qu'un petit coin de terre, et qu'on ne leur laisse qu'un jour dans la semaine pour la cultiver et en retirer ce qui est nécessaire à leur entretien, néanmoins ils trouvent moyen d'avoir toujours quelque chose à offrir à leurs *Pères*. On voit sur la table des prêtres *qui les aiment* les prémices de ce que chaque saison produit de meilleur. La dîme se continue volontairement parmi eux ; mais, la seule loi qui l'oblige, c'est l'amour et la reconnaissance. Cela est si vrai, qu'on ne voit jamais un nègre se présenter chez M. Lamache, curé de Saint-François (Basse-Terre), les mains vides; tandis qu'ils ne paraissent chez le préfet apostolique, dans la même ville et paroisse, que pour remplir les commissions de leurs maîtres. » (*Revue des Colonies*, livraison de janvier 1842, page 263.)

J'ai omis de transcrire à la place qu'elle aurait dû occuper parmi les Pièces justificatives, la lettre de M. l'abbé Fourdinier, mentionnée à la page 21 du Mémoire. Je répare cet oubli. Deux mots sont nécessaires pour expliquer les premières lignes de cette lettre. M. l'abbé Fourdinier, écrivant à M. le préfet apostolique de la Guadeloupe, vers l'époque de ma nomination à la cure de Saint-François, exprimait quelques regrets qu'un poste d'une telle importance eût été confié à un ecclésiastique nouveau-venu dans la colonie. Deux ans après environ, lorsque j'eus exercé le ministère curial assez longtemps pour qu'on pût me juger d'après mes actes, j'eus l'occasion d'écrire à M. l'abbé

Fourdinier, et je lui témoignai une certaine peine de ce que ma nomination avait paru ne pas obtenir son plein assentiment. C'est en réponse à cette lettre que M. le supérieur du Saint-Esprit me fit l'honneur de m'écrire celle qui suit :

Monsieur et cher Confrère,

J'ai reçu la lettre que vous m'avez fait l'amitié de m'écrire, par madame Gressier. J'ai vu, avec peine, la persuasion où vous êtes que je n'ai pas de vous toute l'estime que je devrais avoir. Je vous assure que je n'avais pas les sentiments que vous me supposez, et si je les avais eus, j'aurais été bien détrompé par tout le bien que j'ai entendu dire de votre zèle et de votre charité. Continuez de travailler ainsi au salut des âmes en travaillant au vôtre, et le Seigneur répandra sur vos travaux ses bénédictions, et vous donnerez l'exemple à tous les jeunes prêtres, que je n'envoie qu'en tremblant dans les colonies, où il faut une vertu si solide pour se soutenir dans le bien. Mais l'exemple des autres est un grand moyen pour persévérer. Je vous recommande tous ceux de nos élèves qui arriveront à la Basse-Terre. Vos conseils ne pourront que leur être très-salutaires ; vous pouvez disposer de moi en tout ce que je pourrai vous être utile.

Recevez l'assurance du sincère et respectueux attachement avec lequel je suis, mon cher Confrère, votre très-obéissant serviteur.

Fourdinier,
Sup. du Sém. du Saint-Esprit.

IMPRIMERIE ET FONDERIE DE E.-J. BAILLY, PLACE SORBONNE, 2.

www.ingramcontent.com/pod-product-compliance
Ingram Content Group UK Ltd.
Pitfield, Milton Keynes, MK11 3LW, UK
UKHW020157200726
13856UKWH00003B/1035